아시아의 위대한 지도자
리콴유 리더십

유한준 지음

자신을 극복하라
Overcome Yourself

BOOK STAR

머리말

싱가포르 '건국의 아버지' 리콴유 휴먼 스토리

리콴유李光耀 : Lee Kuan Yew는 끝없는 도전으로 가난한 섬마을을 풍요로운 낙원으로 건설하고 하늘나라로 떠났다. 그는 비록 조국 싱가포르를 떠났지만, 그의 피와 땀은 섬마을 구석구석에 스며들어 사라지지 않고 지워지지도 않은 채 영원히 남아 있을 것이다.

작은 영토지만 강한 부자 나라로 일궈낸 싱가포르 건설의 아버지 리콴유 스토리는 전설의 신화로 출렁거리는 파란 파도 위에 수채화를 그려 놓았다. 그의 이야기는 비단 물결보다 더 아름다운 수를 놓고 잔잔한 여운을 남기면서 곱디곱게 아롱졌다.

형편없이 가난한 나라, 아무것도 없는 척박한 땅에서 강력한 창조 리더십으로 아시아 최고 부자 나라로 일궈낸 리콴유는 싱가포르 '건국의 아버지'로 존경받는 인물이었다.

무에서 유를 창조해낸 리콴유 전 싱가포르 총리는 2015년 3월 23일 새벽 3시 18분 싱가포르 종합병원에서 폐렴으로 사망했다.

향년 92세로 천수를 누렸다.

"내가 싱가포르 땅에 뿌려놓은 피와 땀에 대한 평결에는 결코 사망선고가 내려지지 않을 것이라고 단언한다. 마지막 평결은 박사학위를 준비하는 학생들이 기록을 파헤치고 나에 관한 오래된 낡은 문건까지 들춰내어 읽으면서 나의 정적들이 뭐라고 말했는지 평가하고, 또 문건을 샅샅이 밝혀내고 진실을 찾을 때 내려질 것이다. 나는 내가 한 모든 일이 옳았다고 이야기하거나 자랑하고 싶지 않다. 하지만 내가 한 모든 일은 고결한 목적을 위한 것이었음을 분명히 밝힌다. 역사가 말하고 싱가포르가 증언할 것이다."

리콴유는 이미 세상을 떠났다. 그러나 그가 단속하고 당부한 "껌을 씹다가 길거리에 뱉지 마라!"라는 말을 싱가포르 곳곳에서 다인종 국민이 오늘도 성실하게 지켜가고 있다.

1959년 자치령 싱가포르의 총리를 시작으로 1965년 독립국가 싱가포르의 총리를 지내며 1990년 퇴임까지 무려 31년간 재임했던 정치 지도자. 아시아 정치 리더십의 대표적인 인물로 손꼽힌다. 리콴유는 섬나라 신생 도시국가 싱가포르의 선장으로 지구촌에서는 최장수 총리로 있으면서 반세기 만에 선진국 반열에 올려놓은 산업화의 리더이자 싱가포르의 영웅으로 떠오른 역사의 인물이다.

2012년 싱가포르의 국내총생산GDP는 세계 11위, 국가 경쟁력은 세계 2위, 국가 청렴도는 세계 5위를 기록하고 있다. 1인당 국민소득 아시아 1위이다. 그러나 국민행복지수 평가미국 갤럽에서 조사에서 싱가포르가 150여 개국 중 최하위의 불명예를 차지하는데 주된 역할을 한 장본인이기도 하다.

리콴유의 일대기가 곧 싱가포르의 역사라는 등식이 자연스러울 만큼 그의 통치기에 싱가포르의 경제는 물론 국정 운영 전반에서 놀라운 성과를 이룩했다. 군대를 창설하면서 우수한 군인들은 세계적 명문대학교에서 공부할 수 있도록 국군 장학금을 만들었다. 시험에 합격하기만 하면 이들 군인들은 전공에 관계없이 자신의 전문 분야에서 대학의 전 과정을 국가 장학금을 받아 유학할 수 있게 만든 것이다.

자원 없는 가난한 섬마을 도시국가를 1인당 GDP 5만 달러가 넘는 경제 부국으로 만든 리콴유는 '아시아의 히틀러'라는 비판도 받았다. 사회 통합을 명분으로 언론을 규제하고 정적을 탄압

했으며, 교육과 산업에서부터 결혼과 출산 등 사생활까지 간섭하고 관리하면서 '아시아의 4룡' 중 하나라는 칭송도 들었다.

리콴유 리더십의 비결은 스스로에 대한 엄격함에 있다. 국민의 잘못을 매로 다스리고, 마약범을 사형하는 등 인정사정없는 독불장군이었지만 무엇보다 자신에게 더 많은 채찍질을 가했다.

리콴유는 아시아적 리더십의 빛과 그림자를 상징하는 인물로 평가받고 있다. '껌도 씹지 못하게 한 독재자!'라는 비난을 수없이 들으면서도 길거리에 껌 뱉기, 침 뱉기, 휴지 버리기 등을 단속하여 볼기를 치고 벌금을 매겼다. 마약 소지자를 사형에 처하는 등 강력한 억압과 통제를 국가 경영에 반영했다.

이웃집 손해를 우려해 "죽은 뒤 내가 살던 집을 허물라."라는 말을 남겼다.

싱가포르 '건국의 아버지' 리콴유의 탁월한 지도력과 강인한 의지, 놀라운 집념, 탁월한 리더십, 그리고 성공 스토리를 본받아 꿈과 희망을 이루어 가기를 바란다.

유 한 준

목차 CONTENTS

리콴유 李光耀 Lee Kuan Yew

이름 : 리콴유 李光耀 Lee Kuan Yew

출생 : 1923년 9월 16일 중국계 화교 제4세대

사망 : 2015년 3월 23일 향년 92세

학력 : 싱가포르 대학교 법과대학

　　　영국 런던 정경대학교와 케임브리지 대학교 법학과

직업 : 싱가포르 제1대 총리, 정치인, 변호사

자녀 : 아들 리셴룽 현재 싱가포르 제3대 총리

01

위대한 거인

01 싱가포르 건국 비화

리콴유李光耀는 싱가포르 건국의 신화를 만들어 내면서 싱가포르 '건국의 아버지'라는 칭송을 받은 정치인이다. 형편없이 가난한 나라, 아무것도 없는 척박한 땅에서 창조의 리더십으로 아시아 최고 부자 나라로 일궈냈기 때문이다.

1965년 8월 9일! 이날은 싱가포르 사람들이 결코 잊을 수 없는 날이다. 말레이 연방에서 일방적으로 내몰려 축출되어 독립한 싱가포르의 앞날은 매우 암담한 처지였다. 정치와 경제 사정이 불안하기 이를 데 없었다. 본래가 말레이시아 반도의 남쪽 끝 가난한 섬이었던 싱가포르를 말레이시아가 버린 것이나 마찬가지였다. 그래서 그때 여론은 이 가난한 섬 싱가포르가 곧 주변국에 흡수될 것이라는 관측이 대세였다.

| 리콴유

　그러나 반세기가 흐른 뒤의 위상은 완전히 뒤바뀌었다. 너무나 가난하여 내버려진 섬 싱가포르는 지금 국민소득 5만 달러가 넘는 축복의 섬으로 발전했다. 아시아 최고의 부국이자 세계적인 물류·금융·비즈니스 중심지로 각광을 받고 있다. 그 중심에 리콴유의 리더십이 자리 잡았다. 젊은 시절의 리콴유는 태양처럼 뜨거운 열정과 달빛처럼 곱고 영리한 정감이 넘쳐흘렀다. 이는 그의 이름에 그대로 반영되어 있다. 이李씨 성에 빛 광光과 영리함을 뜻하는 요耀라는 의미가 깃들어 있기 때문이다.

　그는 영국의 식민통치를 받던 시절인 1923년 9월 16일 부유한 중국 이민자 집안에서 태어났다.

1941년 12월 싱가포르는 일본군이 강제로 들이닥치며 마구 짓밟혔다. 일본군은 싱가포르 사람들을 수십만 명이나 처참하게 살상하는 만행을 저질렀다. 고향을 짓밟은 일본군에 대해 진절머리를 내면서도 끔찍한 만행을 목격한 리콴유는 "살아남아야 한다. 생존이 우선이다!"라는 신념을 굳혔다. 그 신념이 뒷날 통치 이념이자 철학인 실용주의의 바탕이 된 것이다.

그는 고향의 명문학교인 래플스의 싱가포르 대학교에 수석 입학했다. "먹고살아야 한다."라는 굳은 각오로 일본어 강좌 수강을 신청했다. 리콴유의 삶은 대학 시절부터 엄청나게 요동쳤다.

대공황 여파로 집안이 몰락하는 아픔을 겪었고, 학교에서는 다른 인종 출신들과 물과 기름처럼 지내며 사회 부조리에 고민했다. 훗날 인생의 동반자로 해로한 세 살 연상의 아내 콰걱추Kwa Geok Choo 1920~2010년와 만난 곳도 싱가포르 대학교였다. 그는 대학을 나온 뒤 일본군 정보부에 취직해 연합군의 모스부호 해독 임무를 맡았다.

"아! 이럴 수가!?"

날마다 밀려들어오는 연합군의 모스부호는 일본의 패전 소식뿐이었다.

"새 세상이 멀지 않았구나!"

그는 이렇게 직감했다. 1945년 8월 일본이 패망한 뒤에도 혼란이 가시지 않자 심란한 마음을 가눌 수가 없었다.

"새로운 세계를 배우기 위하여 영국으로 유학 가자!"

그는 영국으로 유학을 떠났다. 런던 케임브리지 대학교 법학과에서 학과 수석을 놓치지 않았다. 변호사 자격을 따낸 뒤 1950년 귀국하여 노동 전문 변호사로 활동을 시작하였다. 젊은 엘리트 변호사로 인기를 끌면서 차세대 정치인으로 떠올랐다.

실용주의 정당 인민행동당 창립을 이끌고 사무총장을 맡았다. 창당 다섯 달 만에 치른 1955년 4월 총선에서 선출직 25석 가운데 3석을 차지했다. 그리고 1959년 총선에서는 인민행동당이 51석 중 43석을 휩쓸며 압승했다. 이를 바탕으로 서른여섯 살 리콴유는 싱가포르 첫 총리로 취임하면서 새로운 싱가포르를 향한 통치 리더십을 발휘하기 시작한 것이다.

리콴유는 싱가포르의 아버지 '파파'로 통한다. 그는 주州지사, 국회의원과 장관을 거쳐 31년 동안 총리로서 싱가포르를 다스렸다. 재임 기간 동안 버려졌던 것이나 다름없는 작은 섬나라 도시

국가를 강한 부자 나라로 끌어올린 싱가포르의 선장이었다.

총리 취임 첫해 400달러약 45만 원에 불과하던 1인당 국내총생산 GDP을 지금은 5만 6,112달러로 끌어올린 탁월한 지도자였다.

그는 싱가포르로 이주한 중국계 부유한 사업가 화교 가정에서 리친쿤과 추아짐니 부부의 첫째 아들로 태어났다. 그런 연유로 해서 스스로를 제4세대 중국계 싱가포르 사람이라고 자처했다. 태어난 곳은 싱가포르지만, 자기 몸에는 중국인의 만만디 뚝심 기질이 흐르고 있다는 것이었다. 자그마한 섬에서 태어나고 자랐지만, 대륙적인 기질을 지니고 있었다.

같은 식민정책 국가인 영국과 일본의 통치 스타일이 너무나 다른 것을 보고 비로소 독립과 자치에 대한 눈을 뜬 리콴유는 일본 통치 아래서 그들의 업무를 돕는 일을 했지만, 영국 유학을 통해 세계적인 역사관을 지녔다. 그는 싱가포르 자치 정부의 초대 총리에 취임하는 행운을 차지했다. 하지만 역경이 계속 따라붙었다. 숱한 역경을 극복하면서 그는 싱가포르 신화 스토리를 엮어가는 주인공이 되어 작은 영토에서 아시아 최강의 유토피아 낙원을 건설하는데 혼신의 열정을 다 바쳤다.

그가 폐렴으로 병원에 입원한 뒤부터 싱가포르 국민들은 그의 출신 선거구인 탄종 파가르 지역 당국이 마련한 전시장에 모여들어 그의 건강을 기원하는 기를 달고, 서명 메시지, 꽃 등을 전시하면서 쾌유를 기원해왔다.

그러나 그는 야속하게도 이런 국민의 간절한 열망을 뒤로 한 채 다시는 돌아올 수 없는 먼 나라로 떠났다. 그가 하늘나라 여행을 시작하는 날부터 그를 추모하는 물결이 섬나라를 삼켜버릴 듯이 일어났다. 리콴유의 아들인 제3대 리셴룽 현 총리는 자신의 페이스북 홈페이지를 통해 자신의 아버지이자 싱가포르의 국부인 리콴유의 타계를 전했다.

그의 페이스북 홈페이지는 "위대한 인간, 위대한 위업, 그의 타계로 세상은 전보다 가난해졌다."라는 애도의 글이 올라왔고, "리콴유는 세계의 가장 위대한 지도자 중 한 명이었다. 그는 조국에 헌신했다." 등의 추모 문장들이 쇄도했다.

리콴유는 2013년 펴낸 《한 사람이 바라본 세계》라는 책을 통해 이런 말을 남겼다.

"내가 움직이지 못하고 인공 튜브로 연명한다면, 의사들은 나를 떠나도록 해야 한다."

인공적으로 생명을 연장하려고 하지 말라는 당부를 미리 한 것이었다.

02 작은 나라의 큰 인물

싱가포르 '건국의 아버지'로 존경받는 리콴유는 무에서 유를 창조해낸 인물이다. 그가 2015년 3월 23일 새벽 3시 18분 싱가포르 종합병원에서 폐렴으로 사망했다. 향년 92세, 천수를 누리고 세상을 떠난 것이다. 그가 세상을 떠난 뒤 아시아는 물론 지구촌의 국가 정치 지도자들과 수많은 사람이 애도의 물결을 이루었다.

서른여섯 살 때 싱가포르 초대 총리가 된 리콴유는 총리로 취임하자 먼저 빗자루를 들고 거리를 쓸었고, 눈물 콧물 흘리며 가난한 섬마을을 일으켜 세워 강소 부국 도시국가로 만들면서 아시아의 전설로 떠올랐다. 후진국의 리더 중에서도 가장 강력한 지도자로 사자와 같은 사람, 매서운 독재자라는 말을 들으면서 싱가포르 신화를 만들어 냈다.

리콴유는 1955년 화려하게 정치 무대로 올라섰다. 그의 정치 데뷔는 매우 감동적이고도 성공적으로 장식되었다. 31세의 새내기 정치인으로 그가 처음 조직한 인민행동당은 창당 다섯 달 만에 치른 1955년 4월 총선에서 선출직 25석 가운데 3석을 차지했다.

그때 선거 직후 리콴유는 32세, 정치 무대에서는 너무나 어린 나이였다. 그러나 성공 스토리의 발판을 구축한 것이다.

작은 섬나라의 큰 거인 리콴유는 중국 객가인客家人 출신이다. 객가인은 중국 대륙 북부지방에서 남부 또는 동남아로 이주한 한족을 가리키는 말이다. 그는 싱가포르를 통치하는 동안 중국계, 말레이계, 인도계 등으로 엉킨 싱가포르 다민족의 갈등을 영어 공용어 채택으로 풀어나가는데 주력했다. 세계화를 추구하면서 경제 도약을 이끌었던 그는 퇴임 후 청렴했던 생활 등으로 여러 방면에서 재조명되었다.

1994년 일화는 국제적으로 너무나 큰 파장을 일으켰다. 그 일화는 아시아 대륙의 조그마한 섬나라 신생 도시국가가 세계 최강의 거대한 대국인 미국과의 일진일퇴를 불사한 끝에 승리를 거두었던 사건이다. 그 도화선은 싱가포르 외국인학교의 미국인 학생인 15세 소년 마이클 페이가 만들었다. 그가 공공기물을 훼손한 죄로 체포되어 싱가포르 법원에서 유죄 판결과 함께 태형을 맞게 되자, 당시 빌 클린턴 미국 대통령이 직접 나서서 선처해 달라고 부탁했다. 하지만 리콴유 총리는 서양의 옳지 않은 윤리의식을 비판하며 싱가포르 특유의 제도를 견고히 지켜냈다. 이 사건으로 작은 나라의 거인이 더 위대해졌다.

1923년 싱가포르로 이주한 중국계 사업가 집안에서 태어난 리콴유는 영국으로 건너가 케임브리지 대학교에서 법학을 전공했다. 고국으로 돌아온 뒤 1954년 인민행동당PAP를 창당했고, PAP를 1959년 집권당으로 키웠다. 그는 초대 싱가포르 자치 정부 총리에 취임한 이래 싱가포르를 부패 없는 나라로 만들기 위해 평생을 노력했다.

리콴유가 싱가포르 신화를 만들면서 이룩한 치적은 매우 크고 훌륭한 것들이 많다. 그 많은 치적 중에서도, 국제적으로 높이 평가받는 분야는 전 세계에 나가 있는 중국계 화교 사회를 하나로 뭉치게 하고, 세계화상대회를 개최하여 중화권 경제 네트워크를 구축했다는 것이다.

화교華僑의 '화華'는 중국을 의미하고 '교僑'는 타향 혹은 타국에서 임시로 사는 사람을 의미한다. 동남아의 초기 화교들은 파벌끼리만 어울리고, 중국 대륙의 통제 체제에 대해 호의적이지 않았다. 리콴유는 이러한 상황을 인식하고 세계화상대회를 제안했고,

1991년 싱가포르에서 제1회 대회를 열었다. 이후 2년마다 열리는 세계화상대회는 선조의 출신 지역에 관계없이 중국계 기업인들이 두루 참여하는 행사로 전 세계 중국계 비즈니스맨들의 최고 네트워크로 발전했다.

세계 화상 대회의 출범은 화교 기업들이 세계화되는 과정에서 경제 원리와 문화적 동질성의 결합이 토대가 되었다. 리콴유는 2001년 세계화상대회를 화교들의 고향인 중국 대륙에서 열었다.

그가 세상을 떠나자 중화권이 많은 애도를 보낸 것도 그런 맥락의 하나이다. 시진핑 중국 주석은 추도사에서 언급하였다.

"리콴유는 국제 사회의 존경을 받는 중국 인민의 친구로 오랫동안 기억될 것이다."

그가 세상을 떠난 뒤 애도의 물결은 끊임없이 이어졌다.

"위대한 인간, 찬란한 위업, 그의 타계로 세상은 전보다 가난해졌다."

"그는 세계의 가장 위대한 지도자 중 한 명이었다. 그는 조국에 헌신했다."

"작은 나라의 큰 거인은 하늘나라로 떠났지만, 그의 영혼은 싱가포르와 함께 영원할 것이다."

싱가포르라는 명칭의 어원은 다분히 동화적이다.

| 싱가포르 도시 모습

옛날 12세기 때 인도네시아 서쪽 수마트라 섬의 왕자가 이곳에 왔다가 싱가사자라는 수마트라 언어를 보고 사자의 거리라는 의미인 '싱가푸라'라고 이름을 붙였다.

뒤에 싱가푸라를 영어로 옮기면서 싱가포르Singapore가 되었다고 전한다. 그 이전에는 '투마시크'라고 불렀다.

03 빗자루 든 청소부 총리

서른여섯 살이던 1959년 자치령 싱가포르의 초대 총리로 취임한 리콴유는 손수 빗자루로 거리를 쓸고, 땅에 떨어진 쓰레기를 주우며 범국민 청결 캠페인부터 펼쳤다. 거리의 쓰레기만이 아니었다. 리콴유는 1960년 부패방지법을 대대적으로 정비하며 부패 근절에 나섰다. 솔선수범하는 지도자를 보고 국민들도 일어나 따르면서 오늘날 싱가포르를 만들어 냈다. 그래서 싱가포르라고 하면 떠오르는 두 가지 상징적인 이미지가 있다. '청결'과 '청렴'이다.

이런 일은 억압받던 식민지 시대에 배운 실용주의 생활철학에서 나왔다. 1959년 독립한 싱가포르의 상황은 바람 앞의 등불처럼 위태롭기 이를 데 없었다. 국민투표를 통해 1963년 말레이 연방 가입을 결정했다. 그러나 공업화 추구 노선이 말레이 연방의 소속 구성원들과 달라 충돌하다가 결국 2년 만에 쫓겨나듯 밀려나고 말았다. 그때 리콴유가 당장 풀어야 할 문제는 중국계, 말레이계, 인도계 등으로 엉킨 민족 갈등이었다. 이를 풀어낼 실마리는 강력한 공용어라고 보았다. 다른 언어를 쓰는 사람들이 모여 사는 싱가포르에서는 의견 소통이 이루어지기 어렵다는 것을 절실하게 깨달았다.

　"자신의 이익만 추구하는 리더를 따를 것인가?
　모두의 이익을 추구하는 리더를 따를 것인가?"

　리콴유의 가장 극적인 개혁은 영어를 공용어로 결정했다는 사실이다. 이는 언어 혁명이다. 중국인이 전체 인구의 4분 3 이상을 차지하고 있는 국가에서 중국어가 아닌 영어를 공용어로 택한 것은 '사회 통합'에 대한 고려라는 전제 아래 이루어진 용단이었다.

　독립 당시 싱가포르는 민족 구성에 따라 중국어 방언과 말레이어, 힌두어 등 통일된 언어가 없이 분열되어 사실상 언어의 통일은 불가능하다는 것이 지배적이었다.

　"우선 언어부터 통일하자! 강력한 공용어가 필요하다!"

　그는 이 문제를 고심하면서 동남아 허브 국가로서의 비전을 갖고 영어를 공용어로 쓰기로 결정하였다. 그러자 반대의 목소리가 여기저기서 터져 나왔다. 그 한가운데 난양대학교가 있었다.

"우리 민족의 모국어도 아닌 영어를 제1공용어로 삼는다는 것은 말도 안 된다."

"영어는 식민지 언어다!"

그와 함께 인구의 75% 이상을 차지하는 중국계의 반발도 엄청나게 거셌다. 리콴유는 그럼에도 불구하고 밀어붙였다.

"세계와 연결되지 않으면 우리의 미래는 없다!
과거의 가난한 어촌으로 돌아갈 수는 없다!"

그는 국민을 설득하기 시작했다. 리콴유는 칼을 뽑아들고 단칼에 난양 대학을 없애 버리고 국립 싱가포르 종합대학교로 개편하는 대수술을 단행했다. 이 대학이 지금 세계적인 명문 대학으로 발전했다. 리콴유는 그러면서도 유교적 권위주의를 버리지 않고 그대로 살려 국가 운영의 근본이념으로 극대화했다.

"깨끗한 거리, 아름다운 거리를 만들자!"

엄격하고도 혹독한 법치를 내세워 반부패 제도를 확립해 거리에서 휴지를 버리고 침을 뱉고 껌을 뱉으면 엄히 다스렸다. 반항

하는 사람들은 몽둥이로 엉덩이를 얻어맞았다. 심하면 태형笞刑을 받을 수 있는 나라로 질서를 바로잡아 나갔다.

마약은 더욱 철저하게 단속했다. 마약을 0.5g 이상만 가져도 사형당할 수 있는 나라로 바꿨다. 범죄와의 단속은 더욱 혹독했다. 부패행위 조사국CPIB을 설치하고 공직자를 밀착 감시했다. 1995년 가족이 사들인 주택 가격이 올라 사회적으로 논란이 일어나자 자신도 조사하라고 큰소리를 쳤다.

더구나 리콴유는 강경한 반공주의 정책으로 싱가포르를 이끌었다. 시대의 흐름에 따라 온건 사회주의를 신봉하고, 좌파와 연정을 꾸리기는 했어도 급진적인 성향의 공산주의에 맞서며 국가의 이익과 국민의 안전을 보호하는 일에 우선을 두었다. 그런 점에서 실용주의자라는 이미지를 보여주었다.

최악의 상황에 탈출하기 위한 몸부림은 강력한 독재적 리더십을 구사할 수밖에 없었다. 그래서 "리콴유는 독재자다!"라는 저항과 비판에 부딪혔다. 하지만 그의 대답은 항상 국익을 앞세우면서 명쾌했다. 그런 대담성에 국민이 따라주었다.

"국민의 사랑을 받을지, 두려움의 대상이 될지에 대해 나는 늘 두려움의 대상이 되겠다. 마키아벨리 생각이 옳다고 믿는다!"

《군주론》을 지은 이탈리아의 정치 사상가 마키아벨리의 생각은 이런 것이었다. 지도자가 성공을 거두기 위해서는 반드시 능력을 갖춰야 한다. 그래야 지도자가 기회를 인식하고 포착할 수 있으며 상대보다 생각이 앞서게 되고 그들과의 싸움에서 승리할 수 있다. 역량 있는 지도자는 가능성이 기회로 변하는 때를 인식하고, 경쟁자나 상대방보다 더 빨리 반응하여 행운의 이점을 활용할 수 있다.

"목적이 수단을 정당화한다."

공동체와 공공의 이익을 위해서만 권모술수의 정치도 통할 수 있다. 그것은 좋은 목적을 실현하기 위해서는 좋은 수단만으로 충분하지 않기 때문이다. 좋은 수단만으로는 결코 좋은 목적을 달성할 수 없다는 냉혹하고 정직한 현실 인식은 오늘에 적용해도 틀린 것이 아니다.

민중의 뜻을 배반하고 헌법에 새겨진 주권 재민의 원칙을 위반하면서까지 힘센 정당이 악법들을 일방적으로 그것도 악한 방법으로 통과시키려고 할 때 민중들은 좋은 방법으로 민의라는 좋은 목적을 지킬 수 없다. 때론 폭력으로라도 악법 통과를 저지할 수밖에 없다. 역사적으로도 평화적이고 좋은 방법으로 좋은 세상목적을 만들 수 있었다면 수많은 전쟁과 혁명은 일어나지 않았을 것이다. 리콴유는 언론에 대해서도 강력하게 고삐를 움켜잡았다.

"언론 자유는 물론 중요하다. 그러나 그보다 우선이 국가의 발전과 국민의 단합이다!"

그의 이론과 소신은 너무나 당당했다. 그는 자신이 넘치는 말을 했다.

"집권 여당이 정부이고 정부는 싱가포르다! 내가 이렇게 하지 않으면 우리는 한 발자국도 내딛지 못 했을 것이다. 더구나 여기까지 오지 못 했을 것이다."

이러한 그의 말과 행동에서 싱가포르 사람들은 국가 발전을 향한 그의 의지와 철학을 분명하게 읽었다. 그리고 국가 중심의 정책 노선에 대한 그의 확신을 보았다. 하지만 1988년 내정 간섭을 문제 삼아 미국 외교관을 추방하는 놀라운 일이 벌어졌다.

"미국은 사소한 내정 간섭을 하지 마라!"

리콴유가 흥분하여 미국 외교관을 추방한 것은 '마이클 페이 사건'이다.

04 기발한 통치력

리콴유는 낮은 자세로 높은 리더십을 발휘한 위인이다. 화교 출신인 그는 중국 대륙을 통치하던 덩샤오핑 주석과 잘 통했다. 싱가포르를 낮추고 중국을 높이는 겸손함으로 설득력을 발휘하여 자신의 지위를 공고하게 다졌다.

1978년 마오쩌둥의 사인방을 제거하고 재기한 덩샤오핑은 동남아시아 3개국을 순방하면서 58년 만에 싱가포르를 찾았다. 프랑스로 가는 길에 이틀간 들렀던 싱가포르는 초라한 어항이었다.

엄청나게 변화한 싱가포르의 천지개벽을 가리켜, 뽕나무 밭이 파란 바다로 변했다는 뜻이라는 상전벽해桑田碧海라고 찬사를 하자, 리콴유는 "인구 250만 명의 아주 작은 나라"라고 겸손하게 대답했다.

덩샤오핑은 이 말에 용기를 얻은 듯 "만일 상하이만을 갖고 있었다면 나 역시 상하이를 싱가포르처럼 빨리 변화시킬 수 있을 것입니다. 그러나 나는 중국 전체를 갖고 있지요."라고 말했다.

리콴유의 경제 정책에 감동했던 덩샤오핑은 나중에 싱가포르 같은 연안 도시를 먼저 발전시켜서 중국 내륙으로 진격시키는 경제특구 전략을 도입했다.

리콴유는 덩샤오핑에게 싱가포르 사람들 가운데 대부분 중국 남부 지방에서 내려온 문맹자에 가난한 농민들의 후예라고 설명했다. 리콴유는 우수한 사람들의 후손이 남아 있으니 중국이라면 싱가포르가 한 일보다 좀 더 잘할 수 있을 것이라고 격려했다.

싱가포르를 낮추고 중국 본토인들을 치켜세우면서 조언하는 어법으로 덩샤오핑을 설득하는 효과를 발휘한 것이다.

리콴유는 덩샤오핑을 이렇게 평가했다.

"5척155cm의 단신이지만 내가 만난 지도자들 중에서 가장 큰 거인이었다."

리콴유의 유일한 종교는 신을 섬기는 것이 아니라, 국민을 섬기는 실용주의였다. 이런 점에서도 덩샤오핑과 마음이 통했다.

덩샤오핑은 1992년 중국 남부를 순회하면서 리콴유의 싱가포르를 적극 찬양하였다.

"우리는 싱가포르의 경험으로부터 배워서 그들을 뛰어넘어야
한다."

그의 말에 수많은 중국 지식인들이 단체로 싱가포르를 견학하
면서 개발 교육을 받았다. 리콴유의 매춘, 도박, 마약중독에 관한
정책도 국민을 섬기는 실용주의였다. 그는 싱가포르를 찾은 중국
대표단에게 "매춘, 도박, 마약중독과 같은 악습을 통제할 수는 있
지만 근절은 불가능하다."라고 말했다.

중국도 개혁·개방과 함께 경제특구의 매춘, 음란물, 마약, 도
박, 범죄로 골치를 앓고 있다. 공산당 내에서도 이념을 수호하려
는 쪽은 이 같은 사회적 오염을 이유로 개혁·개방에 비판적이었
다. 덩샤오핑은 리콴유의 방식을 따르자며 자신감을 보였다.

"창문을 열면 신선한 공기와 함께 파리, 모기도 더불어 들
어오기 마련이다. 하지만 이런 것들은 적절히 대처할 수 있
는 문제이다. 근절이 어렵다면 통제를 하자!"

싱가포르의 기적을 만든 리콴유는 20세기의 가장 위대한 실용
주의자로 기억될 것이다. 리콴유는 정치에는 강력한 권위주의를
구사하면서도 경제와 산업 분야에선 완벽한 자유를 부여했다.

작은 섬나라 전체가 하나의 도시국가로 형성되어 있는 싱가포르는 해상 물류의 요충지라는 지리학적 이점을 극대화하여 외국에 문호를 활짝 열었다. 다국적 기업의 사업자 민원처리 속도를 세계 최고 수준의 초고속 결제 시스템으로 끌어올렸다. 세계 기업을 빨아들이기 위해 낮은 법인세율17%을 정착시켰다. 이와 함께 양도소득세, 상속세는 한 푼도 부과하지 않고 아예 없애 버렸다.

이런 개방적인 경제 산업정책 덕에 지구촌에서 소문난 1만여 외국 기업과 세계 유명 은행 200여 곳이 싱가포르에 둥지를 틀었다.

"내가 두려워하는 것이 현실 안주이다!"

리콴유는 국민을 독려하면서 31년이라는 긴 세월을 통치하다가 1990년 퇴임하였다. 이때 그의 나이 77세 할아버지였다. 퇴임한 뒤에도 국민의 정신적 지주 역할을 톡톡히 했다.

그는 훗날 자서전에 이런 말을 남겼다.

"정부 운영은 오케스트라 지휘와 같다. 유능한 팀 없이 혼자서는 아무것도 이룰 수 없다. 훌륭한 악기가 되어준 각료와 감동적으로 따라온 국민에게 고마움을 표한다."

그러나 63년 세월을 함께 살아온 반려자 콰걱추 여사가 2010년

| 리콴유와 그의 아내 콰걱추오른쪽

먼저 세상을 떠난 뒤 눈에 띄게 수척해졌다. 혼수상태의 부인 옆
을 떠나지 않고 극진히 병간호를 해온 만큼 사별의 충격은 컸을
것이다. 그로부터 5년 뒤 그도 세상을 떠났다.

아마도 하늘나라 드넓은 공간 어느 지점에서 다시 만나 재회의
기쁨을 누리고 있을지 모른다.

05 마이클 페이 사건

1993년, 당시 미국 국적의 15세 청소년 마이클 페이Michael Fay는 싱가포르의 미국인 학교에 다니고 있었다. 그런데 싱가포르에 오기 전부터 약물 남용, 부탄가스 흡입 등 전형적인 비행 청소년의 행동을 하던 그에게는 싱가포르의 엄격한 법질서 체계가 아주 우습게 여겨졌던 모양이었다.

그는 홍콩 국적을 가진 또래 친구와 함께 20여 대의 민간인 차량에 스프레이 낙서를 하고, 벽돌로 차 유리창을 부수고, 타이어에 구멍을 내어 심각한 재산 피해를 입혔다. 또한, 교통 표지판을 뽑아버려 사고를 유발하기도 했고, 심지어는 멀쩡히 잘 걸려 있던 싱가포르 국기를 떼어내어 찢고 불태워 버리기까지 했다.

무엇보다도 충격적인 것은 이러한 행동들을 저지른 동기가 "순전히 장난삼아서"라는 것이다.

결국, 그는 공공기물 파손 등의 혐의로 싱가포르 경찰 당국에 체포되었고, 싱가포르의 법원은 그에게 4개월간의 징역형과 함께 여섯 대의 태형을 선고하였다.

그런데 그다음부터가 문제였다. 좋게 표현하자면 자국민의 안전을 위해 최선을 다하고, 나쁘게 표현하자면 자신들의 힘만 믿고 잘못을 저지른 자국민들을 무작정 감싸고도는 미국의 외교 관계자들이 페이 군에 대한 태형 선고를 두고 온갖 수단과 방법을 동원하여 싱가포르 당국을 압박하였던 것이다.

당시 빌 클린턴 미국 대통령도 싱가포르의 옹텡청 대통령에게 '페이 군에 대한 선처'를 부탁하는 한편 태형 집행을 강행하면 싱가포르가 받을 불이익에 대해 넌지시 경고하는 내용의 친서까지 보냈다. 또한, 세계적으로 유명한 미국 신문들도 "태형은 야만적 형벌"이라는 식의 비난성 글을 사설 등으로 집중 게재하는 등 싱가포르 정부 당국을 공격했다.

그러나 싱가포르 정부는 이런 압력에 끄덕도 하지 않았다. 싱가포르 정부가 클린턴 대통령의 사면 요청을 받아들인다면 그 도덕적 권위를 상실할 것이라고 받아넘겼다. 싱가포르 법무장관의 반박이다.

"만일 우리가 미국의 매스미디어 또는 미국 정부의 압력에 굴복하는 모습을 보인다면 우리가 싱가포르를 통치하는 것은 더 이상 불가능해진다. 우리는 싱가포르 국민에게 웃음거리가 돼버릴 것이다." 그때 리콴유도 분노와 탄식의 말을 쏟아냈다.

"마이클 페이가 단지 미국인이라는 이유만으로 그에게 선고된 집행을 면제해 준다면 어떻게 우리 싱가포르 국민에게 법을 지키라고 요구할 수 있겠는가?"

그런데도 미국은 싱가포르의 최대 무역국이자 군사동맹국인 미국의 압력을 No라는 단 한마디로 묵살해 버릴 수도 없었다.

그래서 싱가포르 정부에선 이 문제로 내각회의까지 열었는데 여전히 절대다수의 각료는 미국의 압력에 굴복하지 않아야 한다고 강력하게 주장했다.

1994년 4월, 싱가포르 당국은 끝내 마이클 페이에 대한 태형을 집행했다. 다만, 동남아시아 지역에 대한 미국의 건설적인 경제적, 안보적 역할을 존중한다는 명분으로 태형을 당초의 6대에서 4대로 2대를 감형해 주기로 했다.

이에 대해 미국 정부는 크게 실망과 분노를 나타냈다. 당시 클린턴 미국 대통령은 "싱가포르! 그러지 맙시다!"라며 노골적으로 불쾌한 심기를 드러냈다.

미국은 "독재 국가에서 자행된 비인간적 형벌"이라고 비난했고, 싱가포르는 "다른 나라의 법 집행을 놓고 가타부타 하는 것은 내정 간섭"이라고 당당하게 맞섰다. 인구 500만 명도 채 안 되던 작은 섬나라 도시국가 싱가포르는 세계 초강대국과의 대결에서 당당히 자기의 법 제도를 지켜냈던 것이었다.

결국 싱가포르는 마이클 페이에게 태형을 집행하여, 전 세계적으로도 많은 화제를 모았다. 또한, 태형 제도의 인권 침해 여부에 대한 논란도 불러일으켰다. 우리나라의 경우 조선 시대 단종애사 때 사육신이 태형을 맞고 사형당한 경우가 그 대표적인 사례이다.

싱가포르에서 태형에 처해질 수 있는 범죄는 공공에게 심각한 피해, 위협을 주는 악의적인 행위, 또는 파렴치범, 질 나쁜 일부 불법 입국 행위 정도이다. 대표적인 사례가 마이클 페이에게 적용된 고의적이고도 악의적인 공공기물 파손 행위, 불법 무기 거래 등이다. 또한, 성추행 같은 파렴치한 성범죄를 저지르는 이들에게도 징역형과 함께 태형이 선고, 집행된다. 또 한 가지, 싱가포르에선 불법 입국, 체류를 하다가 적발되는 경우에도 사안에 따라 태형이 선고될 수 있다.

06 한국과의 인연

리콴유 전 싱가포르 총리는 대한민국과 인연이 매우 깊었다. 총리 재임 시절에 세 차례나 한국을 방문했고, 퇴임 후에도 세 차례를 방문해 모두 여섯 차례나 우리나라를 찾았던 싱가포르의 정치 지도자였다. 박정희 대통령부터 전두환·노태우·김영삼·김대중·노무현·이명박 전 대통령까지 역대 대통령들을 모두 한국이나 싱가포르에서 만났다. 2006년엔 지방선거를 지휘하던 박근혜 당시 한나라당 대표를 찾기도 했다.

그 밖에도 다양한 정치, 경제, 산업, 문화계 리더들을 만나 두 나라 사이의 협력과 발전을 위한 공동 관심사를 나누면서 양국 관계를 돈독히 구축하는데 정성을 쏟았다.

리콴유가 맨 처음 한국을 찾아온 것은 1979년 10월 박정희 대통령 서거 직전이다. 동남아 국가들과 관계 강화를 원했던 당시 박정희 대통령이 리콴유 총리를 초청했다.

리콴유가 한국을 방문한 때는 박정희 대통령이 김재규의 흉탄에 서거 되기 일주일 전이었다. 한국을 처음 찾아온 리콴유는 그때 박정희 대통령으로부터 수교훈장 중 가장 격이 높은 등급인 광화 훈장을 받고 정상회담을 가졌다.

어머니 육영수 여사가 문세광의 흉탄에 세상을 떠난 뒤부터 퍼스트레이디 역할을 하던 박근혜는 아버지 박정희 대통령과 리콴유 총리의 정상회담의 통역을 맡았다. 리콴유 총리는 그때 박정희 대통령의 특별 배려로 포항종합제철^{현 포스코}을 시찰하고 신라 천년의 고도인 경주도 관광하였다.

이때의 일화는 박 대통령이 포항종합제철을 꼭 보여주고 싶었다. 그래서 일부러 서울에서 포항공항까지 비행기로 이동하여 포항제철을 둘러보고 자동차로 경주로 가도록 배려했다.

자존심 강한 리콴유는 포항제철을 둘러본 뒤에도 한국의 발전상에 대해서는 별로 말이 없었다. 그런데 경주 관광을 끝내고 서울로 돌아오는 길에 차창 밖으로 펼쳐지는 황금 들판을 보면서 표정이 달라졌다.

그때 문화공보부 장관으로 리콴유 총리를 수행했던 김성진 장

| 박정희 대통령_{왼쪽}과 리콴유_{오른쪽}

관은 이렇게 회고했다.

"경부고속도로 양쪽 황금 들녘과 농촌 마을 풍경, 노란 벼 이삭과 빨간 고추 등이 가득 펼쳐지는 가을 풍경을 바라보던 리콴유의 얼굴이 부러움과 오기 섞인 표정으로 상기되었다."

그는 싱가포르로 돌아간 뒤 개발정책의 모델을 한국으로 삼았다. 그리고 도이머이 곧 개혁·개방정책에 손을 댄 베트남 사람들에게도 이런 충고를 하였다.

"한국 박정희 대통령에게 배워라! 한국은 무에서 유를 창조한 대단한 나라다!"

한국의 성공 사례를 곳곳에 알리면서 싱가포르 개발에 열을 올렸다. 리콴유 총리는 2000년 펴낸 자신의 회고록《내가 걸어온 일류국가의 길》에서 이렇게 밝혔다.

"박정희 대통령이 없었다면 한국은 산업화를 이루지 못했을 것이다."

지금 싱가포르와 한국은 남다른 우호 관계를 맺고 우의를 더욱 돈독하게 쌓아가고 있는 우방 국가이다. 박정희-박근혜 대통령은 한국의 첫 부녀 대통령이고, 리콴유-리셴룽 총리는 싱가포르 첫 부자 총리라는 인연도 있다. 또 박근혜 대통령과 리셴룽 총리는 서로 1952년생 동갑내기이며 이공계 출신이라는 점도 닮았다.

리콴유는 한국의 역대 대통령들에게도 협조와 조언을 아끼지 않았다. 노태우 전 대통령이 그에게 물었다.

"싱가포르는 어떻게 부패 문제를 해결했느냐?"

그의 대답은 간결하고도 명확했다.

"고위 지도층이 먼저 청렴결백해야 한다. 부하들 앞에 깨끗하지 않고서는 모든 게 시간 낭비이다."

김대중 전 대통령과는 민주주의 논쟁을 벌여 관심을 끌었다.

리콴유 총리가 서구를 따라잡으려면 국민의 정치적 자유를 일부 제한할 수 있다고 주장하면서 '아시아적 가치'라는 글을 1994년 미국 정치 평론지 《포린어페어스》에 기고하였다. 그러자 당시 야당 지도자였던 김대중 전 대통령이 같은 잡지에 "경제성장을 위해 민주주의를 제한할 수 있다는 아시아적 가치란 존재하지 않는다."라는 반박 기고를 냈다. 당시 아시아를 대표하는 두 정치인의 논쟁에 외신들도 큰 관심을 보였다.

김대중은 아태 평화 재단 이사장 자격으로 리콴유 총리의 주장에 대해 "문화가 숙명인 게 아니라 민주주의가 숙명"이라고 반박했던 것이다. 5년 뒤인 1999년 10월 두 사람은 대한민국의 대통령과 싱가포르 총리로서 서울 청와대에서 정상회담을 가졌다.

리콴유는 회고록에서 전두환, 노태우 전 대통령과 관련해 이런 평가를 내렸다.

"그들은 집권했던 시기에 통용되던 당시의 기준에 따라 행동했다. 그 기준에 따르면 그들은 합당한 통치를 했다."

김영삼 전 대통령이 두 대통령을 감옥에 보낸 것을 두고도 한마디 던졌다.

"지금 집권한 다른 나라 군부 지도자들에게 대중적 지지를 추구하는 민간 정치인들에게 권력을 이양하는 게 얼마나 위험한 것인가 하는 그릇된 메시지를 전했다."

리콴유는 1981년 현대건설이 싱가포르 창이 국제공항 건설에 참여하고 있을 때 당시 현대건설 사장이던 이명박 전 대통령을 집무실로 불러 5분짜리 비디오를 보여주면서 '비즈니스 프렌들리'를 외쳐 화제가 되었다. 리콴유 전 총리는 한국의 문제점도 대담하게 지적했다.

"한국의 노사는 국제적 현실과는 많은 차이를 보여주고 있다. 노사 간 협력 관계를 달성하지 못하고 있다는 것이다. 또 한국도 미국·유럽처럼 투명한 경영 시스템을 제도화해야 하는데, 한국 기업 관행은 여전히 공식적인 법 규정보다 비공식적 관계에 큰 비중을 두고 있다. 또 성공한 사람과 덜 성공한 사람, 많이 배운 사람과 못 배운 사람, 사용자와 노동자 사이에 공정한 관계가 보장될 것이라는 국민적 신뢰를 회복해야 할 것이다. 이런 신뢰가 회복되면 한국인이 다시 한번 전진할 수 있을 것이다."

리콴유 전 총리가 생전에 보여준 과거 역사 철학에서도 한국

등이 참고할 점이 많다. 싱가포르는 무려 150년이라는 오랜 세월 동안 영국의 식민통치를 받아온 나라였다. 그뿐만이 아니다. 태평양전쟁 때 일본의 침략으로 엄청난 고통을 받았다. 이러한 과거사에 대해 원한을 갖기보다는 이를 발전적인 원동력으로 삼았다. 리콴유는 과거사의 쓰라린 상처를 실용으로 극복하면서 일본에 포용 정책을 펼쳤지만 기대에 어긋나자 냉정하게 비판했다.

"일본은 왜 잘못을 사과하지 않는가?"

그는 일본에 대해서는 "강제 점령 기간 일본의 잔인함을 결코 잊을 수 없다."라고 강조하면서도 실리를 중시하는 모습을 보였다. 더구나 일본이 싱가포르를 강제로 점령하였을 당시 무고한 젊은이들을 대량 학살한 사건에 대한 사과와 보상을 받으려고 1960년대 일본을 방문했다. 그런데 당시 이케다 일본 총리는 사과 대신에 5,000만 달러의 보상금 또는 차관으로 제공하겠다고 밝혔다.

보상은 턱 없이 미흡했고 사과도 제대로 받지 못했지만, 일본의 투자를 이끌어내기 위해 이를 받아들이고 역대 일본 총리들과도 관계 개선과 협력 증진에 힘을 쏟았다.

그렇게 너그러운 포용 정책으로 일본을 대하였으나 일본이 과거사를 사죄하지 않는 것에 대하여 끝까지 분노했다.

"사과한다는 것은 자신들이 한 일의 잘못을 인정하는 것이지만, 후회하고 유감을 표명하는 것은 단지 현재의 주관적인 감정을 표현하는 것일 뿐이다. 잘못을 인정하지 않는 일본의 태도는 장래 일본의 의도에 대해 의혹을 증폭시키는 일이 될 것이다."

02

불멸의 신화

01 멈추지 않는 저력

싱가포르의 파파Papa 리콴유는 92세를 일기로 서거했다.

그는 말레이시아 반도로부터 버림받은 섬나라 싱가포르를 끌어안고 일어나 아시아에서는 가장 잘 사는 현대 국가로 변모시킨 영웅이다. 영국과 말레이시아로부터 독립 분리시킨 건국의 아버지요, 보잘것없던 항구도시를 개발하여 풍요로움이 출렁거리는 부자의 섬나라 싱가포르로 키웠다. 특출한 리더십으로 찬란한 유산을 물려준 반면에 만만찮은 과제도 남겼다.

이제 마하티르 전 말레이시아 총리를 제외하고는 20세기 아시아에서 자신의 나라를 호령했던 거인 지도자, 철인 통치자들이 모두 지구촌을 떠나 저세상으로 갔다.

"리콴유가 이룬 성공 신화의 비결은 무엇일까?"

아시아 여러 나라가 부러워할 만큼 싱가포르를 풍요로운 경제 선진국과 부정부패 없는 일류 국가로 이끈 리콴유의 국가 경영 리더십은 실용주의적 경제정책과 강력한 통치력으로 일구어낸 것이다. 그의 경제적 치적에서 특히 두드러진 부분은 중산층은 물론이고 저소득층에 이르기까지 전 계층의 의식주 문제를 거의 완벽하게 해결해 주었다는 점이다.

모든 가구가 아파트를 소유할 수 있도록 탁월한 주택정책을 도입했을 뿐만 아니라, 생활필수품의 수입 장벽을 낮춰 일상생활에서 먹고 입는 걱정으로부터 국민을 해방시켰던 것이다. 그리고 전 세계에서 불과 몇 나라만이 성공한 공교육 체계를 확립하고 교육 안정을 기하면서 인재 양성에 놀라운 성과를 거두었다.

또 재정 파탄의 위험이나 우려 없이 보편적 의료 혜택을 국민에게 골고루 제공했다. 리콴유가 부정부패 척결을 위해서 쏟은 노력은 그 어떠한 정치적 계산이나 타협도 하지 않았다는 사실을 싱가포르 모든 국민이 인정하고 누구나 알고 있다.

그러나 국부 리콴유는 싱가포르를 떠났다. 리콴유를 떠나보낸 지금 그의 아들 리셴룽 총리를 비롯한 현 지도부 앞에 던져진 만만찮은 과제들은 이제까지 탄탄대로를 거침없이 달려온 싱가포르의 성공 신화에 브레이크를 거는 장애물로 나타날지도 모른다.

그런 장애물 중에서도 민주화와 국민 통합이 가장 심각하고 당면한 과제로 떠오를 전망이다. 그런 까닭은 싱가포르가 정치적 민주주의를 이룩하지 못한 나라이면서도, 세계에서 가장 잘 사는 나라라는 모순된 평가를 받고 있다는 점 때문이다. 이는 반드시 풀고 넘어가야 할 장애물이자 불명예이다.

리콴유의 권위주의 통치를 계승하여 이어가고 있는 현재의 지도부는 민주화에 대한 청사진은 물론 발전적 구상과 멈춤 없는 신화 창조의 리더십을 어떻게 보여주느냐가 과제이다.

그런 비전을 제시하지 못하고 보여주지 못하게 될 때 엄청난 도전에 부딪힐 것이 예상된다. 리콴유만큼 강한 카리스마와 정통성을 누리지 못하고 있는 현 집권 세력이 선진국으로 향하는 모든 국가가 겪어야 했던 민주화의 도전을 어떻게 극복할 수 있을지에 세계의 관심이 쏠려 있다.

싱가포르가 리콴유를 지도자로 만나면서 지난 반세기 동안 엄청나게 큰 경제적 성공을 거둔 나라이지만 진정한 국민 통합을 얻어내는 데는 별로 성과를 보지 못했다는 평이다.

최근 여론조사에 따르면 국민의 절반이 "더 좋은 기회가 오면 외국으로 떠나겠다."라고 대답했다. 이는 리콴유가 살아생전 그렇게 열망했던 중국 사람도, 말레이시아 사람도, 인도 사람도 아닌 '싱가포르 사람'이라는 새로운 정체성을 만들기에는 아직도 더 많은 세월을 기다려야 할 필요가 있어 보인다.

싱가포르 건국 이전부터 존재했던 엘리트와 일반 대중, 상류층과 하류층, 관료와 민간인, 그리고 토착인과 이민자 등 다양한 계층과 집단들 사이의 틈과 골을 어떻게 메워가며 하나로 만드느냐가 지금 남아 있는 과제이다.

새로운 국가 건설과 성공적인 경제 발전 과정에서 그 틈이 줄어들기는커녕 오히려 그 틈과 골이 더 넓어지고 깊어졌기 때문이다. 특히 세계에서 유례를 찾기 힘든 인구 증가 정책으로 중국과 인도 등 인접 아시아 국가에서 밀려드는 이민과 외국인 취업자가 날로 늘어나면서 불거지고 있는 위화감과 갈등은 싱가포르 사람들의 정체성과 충성심을 더욱 약화시킬지도 모른다는 걱정을 안고 있다.

싱가포르 사람들 가운데 "리콴유 전 총리를 존경했으나 사랑하지는 않았다."라고 말하는 사람들이 있다. 그런 말이 싱가포르를 여행한 사람들을 통해 더 이상 전해지지 않도록 하는 일이 과제이기도 하다.

02 포탄 소리에 눈을 뜨고

"쾅, 쾅, 쾅……!"

1941년 12월 8일 새벽, 난데없이 포탄 소리가 연방 들려왔다. 모두가 기숙사에서 곤한 잠에 빠진 밤이었다.

대학생 리콴유는 기숙사에서 눈을 번쩍 떴다. 창밖은 칠흑 같은 어둠이 짙게 깔렸을 뿐, 세상은 쥐 죽은 듯이 고요한 깊은 밤이다. 리콴유는 귀를 의심했다.

"쾅, 쾅, 쾅……!"

폭발음은 간헐적으로 들려왔다. 그는 그렇게 귀를 의심하면서 눈을 떴다. 한 인간으로서 현실에 대한 눈을 떴다. 그보다도 지성의 눈을 뜬 것인지 모른다. 그때 싱가포르는 영국 식민통치 아래 있었다. 그런데 제국주의를 앞세운 일본군이 싱가포르로 쳐들어

온 것이다. 그로부터 불과 사흘이 지났다.

그는 거리에서 처음으로 일본군을 봤다. 왜소한 체구에 길게 착검한 소총을 들고 있는 모습은 낯설고도 섬쩍지근했다. 볼품없는 군모 뒷자락에 흰 천이 달린 게 특이했다. 목욕 한 번 제대로 못 하고 정글 전투를 치른 탓인지 고약한 냄새마저 꿈틀거리며 대지를 덮고 콧속을 파고들며 풍겼다. 일본군은 숫자적으로 열세임에도 불구하고 대담한 속공전으로 영국군을 격파하고 싱가포르에 들어온 것이다.

그때까지 의심 없이 받아들여졌던 백인 우월의 신화가 한순간에 깨진 것이다. 마치 사납게 밀려들었던 파도가 흔적만 남기고 소리도 없이 빠져나간 바닷가처럼 말이다.

"서구 제국주의 아래 노예처럼 살던 아시아인들을 해방시키는 전쟁이다!"

일본은 외쳐댔다. 일본의 거짓 선전 그대로였다. 일본군은 점령 직후 중국계 주민부터 색출했다. 중국계로 보이는 남자들을 무조건 붙잡아 트럭 50여 대에 실어 해변으로 끌고 갔다.

"바다로 들어가라!"

등 뒤로 손이 묶인 그들에게 바다를 향해 걸어갈 것을 명령했다. 그들이 주춤거리자 뒤에서 일본군의 기관총이 불을 뿜었다.

| 제2차 세계대전 당시 싱가포르를 침략한 일본 군인

　군인들은 시체를 발로 차기도 하고 총검으로 찌르며 혹시 생존자가 없는지를 확인했다. 전쟁이 끝난 뒤 전범재판에서 일본군은 그때의 잔혹함을 거짓말로 얼버무렸다.

　"그때 반일 분자 6,000명을 죽였다."

　그러나 새빨간 거짓말이다. 진상조사단은 그 수를 적어도 5만 명에서 10만 명쯤으로 추정했다. 어느 날 극장 앞에 사람들이 모여 있어 가보니, 주민의 잘린 머리가 장대에 걸려 있었다. 연병장에서 허수아비 표적에 총검을 꽂을 때 내지르는 일본군의 함성이 등골을 오싹하게 만들었다. 대학생 리콴유는 전율했다. 그런 사람이 어디 리콴유뿐이겠는가? 싱가포르를 넘어 일본 군화에 짓밟힌 아시아 여러 나라 사람들이 모두 겪은 일이다.

하지만 뒷날 싱가포르 총리가 된 리콴유는 이렇게 회고했다.

"새로운 지배자가 된 일본군이 영국인보다 더 잔혹하고 더 난폭하며 더 부당하고 더 악의적으로 같은 아시아 민족인 우리를 다루었다. 일본, 영국, 그리고 싱가포르가 모두 섬나라라는 공통분모를 지녔음에도 불구하고 일본은 유독 잔인한 민족성을 지녔다."

그는 다시 제2차 세계대전 막바지의 상황을 떠올렸다.

"그때 일본군은 과거의 흉노족 침략자들보다 더 잔인함을 보여 주었다. 짐승만도 못한 민족임을 떠올리게 하는 흉포함이 있었다. 아마 칭기즈칸도 일본군보다 더 잔혹하지는 않았으리라. 나는 미국이 일본 히로시마와 나가사키에 원자폭탄을 투하해야 했던 당위성을 조금도 의심해 본 적이 없다. 만약 원자폭탄을 사용하지 않았다면 일본 본토를 비롯해 곳곳에서 아마도 수백만 명의 무고한 사람들이 억울한 죽음으로 희생당하는 일이 계속 따랐을 것이다."

리콴유는 짐승만도 못한 또 다른 실화를 털어놓았다.

"나는 자전거를 타고 가다가 영국인이 살던 고급 주택가의 울타리 밖으로 일본군 200여 명이 차례를 기다리며 줄지어 선 모습을 보았다. 표지판에 '위안소'라고 적혀 있었다. 한국 여자들이 군부대를 따라다니며 서비스를 해준다는 걸 그때 알게 됐다. 당시 나는 일본 군부가 어떻게 한국 · 중국 · 필리핀의 여성들을 납치하고 꾀어서 군부대를 따라다니는 위안부로 만들었는지는 알지 못 했다. 네덜란드 여성들을 장교용 위안부로 쓰기도 했다."

리콴유는 전쟁이 끝난 뒤 1946년 싱가포르에서 열린 일본 전범 재판을 참관했다. 그때 검사는 재판이 열리자마자 논고를 통해 이렇게 말했다.

"일본군이 저지른 만행을 조사해 보면 과연 인간이 어디까지 악해질 수 있는지, 또 얼마나 타락할 수 있는지에 대해 몸서리치지 않을 수 없다. 혹시라도 인간의 존엄성을 느끼게 해주는 대목이 눈곱만치라도 있을지 모른다는 기대로 자료를 뒤지고 또 뒤졌지만 결국 찾을 수 없었다."

리콴유의 회고담은 계속 이어졌다.

"싱가포르는 3년 반 동안 일본군 점령 아래 혹독한 시절을 겪었다. 일본군의 유일한 통치 수단은 공포였다. 그들을 증오했지만 탄압이 어떠한지를 알았기에 아무도 그들의 뜻을 거스르지 못 했다. 하지만 한국인은 일본이 통치하기 시작했을 때부터 저항을 멈추지 않았다. 한국인의 풍습·문화·언어를 말살하려 했지만 민족적 자부심을 갖고 있었던 한국인은 굳은 결의로 야만적인 일제 압제자에게 항거했다. 이런 경우는 흔하지 않은 일이다."

지금 우리가 생각하기에는 먼 옛날 전설 같은 이야기처럼 들릴지 모른다. 그러나 그렇게 먼 옛날이 아니라 1세기도 안 된 가까운 근대사의 한 장면이다.

리콴유의 자서전《싱가포르 스토리》를 다시 꺼내 본 사람들은 모두가 수긍하는 진실이다. 그 글 속에 '대기설법'이라는 말이 있다. 설교를 듣는 사람의 입장, 또는 스승이 제자의 질문에 대답한다는 불교적인 용어이지만 종교를 초월한 진리이다. 상대방 수준에 맞춰 가르쳐야 한다는 법이다.

독일을 넘어 유럽연합을 이끌고 있는 세기적인 여장부 앙겔라

메르켈 독일 총리가 제2차 세계대전 당시의 동맹국이었던 일본을 방문한 자리에서 "늘 자신의 과거를 마주 봐야 한다."라고 역설했다. 그러나 일본 언론 매체 대부분은 메르켈의 충고를 무시하거나 한 줄짜리 기사로 끼워 넣고 말았다. 그리고는 하루쯤 뜸을 들인 뒤에 극우 성향의 일본 신문이 한 지면을 통째로 털어 메르켈 총리의 충고를 조목조목 반박하는 기사로 가득 채우며 변명을 늘어놓았다. 결국, 자기 얼굴에 침을 뱉는 꼴이 되고 말았다.

"일본과 독일은 상황이 다르다. 일본은 그런 잔학한 범죄는 저지르지 않았다."라고 변명을 늘어놓은 일본 외무상의 말을 조목조목 지적하는 것도 잊지 않았다.

세상일을 자신의 처지에서 자신의 눈높이로만 보면 자신의 억울함만 보일 뿐 분노하는 상대방의 절규는 안 보인다. 하지만 상대와 제3자적인 위치에서 자신을 볼 때 그 진상이 보이는 것이다.

03 공포 정치의 리더

리콴유를 가리켜 흔히 '독재자, 공포 정치의 리더'라는 말을 한다. 그가 공포 정치를 시작하게 된 것은 그 자신의 난폭한 성미라기보다는 가난에 허덕이는 싱가포르 사람들에게 희망을 안겨주기 위해 어쩔 수 없는 일이었다.

> "사랑을 받느냐? 아니면 두려움을 주느냐? 이 문제에서
> 나는 항상 마키아벨리가 맞는다고 생각한다. 아무도 날 두려
> 워하지 않는다면, 나는 무의미한 존재다."

리콴유가 평소에 자주 한 말이다. 이탈리아의 16세기 정치 이론가 마키아벨리의《군주론》이 옳다는 말이었다.

공포의 정치는 곧 독재를 의미한다. 그렇지만 자기 혼자 영광

을 누리려는 것보다는 가난하고 헐벗은 절대다수의 국민이 보다 나은 삶을 살아가도록 하기 위해서라면 공포 정치라 해도 펼 수밖에 없다는 리콴유의 고집스러운 생각이다.

2002년 어느 날 발생한 사건이다. 베트남 이민자 가정 출신으로 멜버른에 살던 젊은 청년이 싱가포르 창이 국제공항에서 400g의 헤로인을 반입하다 체포되었다. 싱가포르는 마약 밀수를 교수형으로 다스리는 나라다. 싱가포르 법원은 그 청년에게 사형을 언도하였다. 그러자 호주 전역에서 사형 집행 철회를 요구하는 시위와 성명이 잇따랐다. 당시 존 하워드 총리가 리셴룽 싱가포르 총리에게 직접 탄원했다.

"사형에 처하지 말고 추방하시오!"

그러나 싱가포르는 단호했다. 이 청년은 2005년 12월 2일 오전 25년의 짧은 일생을 마감했다. 이날 호주 전역의 교회들은 그 청년의 명복을 빌면서 그의 나이와 같은 스물다섯 번 종을 치는 것으로 청년의 죽음을 애도했다. 베트남 출신 이민자 청년의 죽음을 어떻게든 막아 보려 한 호주 사람들의 노력은 많은 사람을 감동하게 했다. 그러나 싱가포르의 단호한 법 집행도 섣불리 비난하기 힘든 사안이다.

그 단호함이 말레이시아 반도 끝에 매달렸다가 따돌림을 당해

떨어져 나온 작은 섬 어촌 마을을 세계 일류 국가로 발전시킨 원동력이 된 것이다. 그 섬마을 싱가포르는 리콴유가 집권하기 전만 해도 게으름과 가난, 그리고 마약에 빠져 있어서 거의 희망이 없는 국가로 여겨졌다. 그런데 국부 리콴유가 이런 패배적인 분위기를 통째로 바꿔 놓았다.

그는 국민에게 엄격한 준법정신과 절도를 요구했다. 특히 마약에는 매우 엄격했다. 관용과 용서를 넘어 걸리면 죽이는 공포의 통치력을 발동했다. 여기에는 리콴유의 가문이 아편의 폐해를 어느 집안보다도 크게 겪은 중국 광둥성 출신 화교란 점이 작용했는지도 모를 일이다.

"리콴유의 통치 스타일에서 공포를 떼어 놓을 수 없다."

싱가포르 사람들은 그런 말들을 거침없이 한다. 마약을 밀매하는 자를 교수형에 처하고 거리에서 껌을 뱉거나 휴지를 버리는 사람들에게 태형을 가한 공포 정치의 발단을 그의 개인적 경험에서 비롯되었다는 사실이 알려지면서 더욱 흥미로운 화제가 되었다.

그는 어린 시절에 아버지의 로션을 몰래 훔쳐 발랐다가 아버지에게 두 귀를 잡힌 상태로 끌려가 우물 입구에서 허우적대는 공포를 체험했다.

청년 시절에는 대영제국 영국을 몰아내고 싱가포르를 점령한 새로운 식민제국주의 일본군이 무자비한 만행과 교수형으로 싱가포르 사람들을 길들이는 것도 지켜보면서 몸서리쳤다.

리콴유는 그런저런 체험들을 단지 무섭다고만 생각하지 않고 훗날 싱가포르를 부유한 나라로 도약시키는데 이 공포를 과감하게 활용했던 것이다. 그런 단면을 그는 회고록에서 밝혔다.

> "나는 싱가포르를 위대한 나라로 만들기 위해서 국가를 다스리고 사람을 지배하는 다양한 방식을 이해하게 되었다. 그리고 강력한 정부의 절대적 통치력이 필요하다는 것을 절실하게 깨달았다."

그가 말한 정부는 자유와 인권이 최대한 보장되는 민주적 정체성을 지닌 나라보다는 효율적인 통치를 통해서 국민이 잘 사는 현실적인 통치 시스템에 더 가까웠다.

미국 〈LA 타임스〉는 '리콴유와의 대화'를 통해 공포 정치의 효용을 이렇게 정리했다.

"리콴유는 어릴 적에 당시 꽤 비싼 가격이었던 '4711'이라는 로션에 손을 댔다. 그 로션은 아버지의 화장품이었다. 아버지 몰래 손을 댔다가 들켰다. 그런데 아버지는 아무 말도 없이 입을 꼭 다물고는 아들의 두 귀를 잡고 토끼처럼 번쩍 들어 올리고 우물

가로 갔다. 또 그러면 우물 속으로 넣어 버리겠다는 표정이었다.

그날의 공포를 아직도 잊지 못하고 있다. 그때 겨우 네다섯 살 어린이였는데도 그 일을 아직도 생생하게 가슴속에 남겨 둔 채 살고 있다."

리콴유는 제2차 세계대전 말기의 상황에 대해 이렇게 말했다.

"일본 식민 치하에서 참으로 많은 사람이 죽었다. 마오쩌 둥의 '권력은 총구에서 나온다.'라는 말을 듣기 훨씬 전에 나 는 권력의 본질을 깨달을 수 있었다. 영국이 싱가포르를 다 스리더니, 일본군이 들어와 영국군을 내쫓고 싱가포르를 점 령하고는 총칼을 휘두르는 잔악한 모습을 지켜보는 동안 나 는 국가를 다스리고 사람들을 지배하는 다양한 방식을 이해 하게 되었다. 일본은 모든 사람의 목숨을 좌지우지하는 최고 의 권력을 마구 휘둘렀다. 그들의 명령에 복종하지 않는 사 람은 굶주림에 시달리거나, 체포되어 모진 고문을 받거나 죽 음을 당해야 했다."

리콴유는 매우 강한 신념을 가진 지도자였다.

"국민은 자유보다 빵을 원한다."

그가 추구한 극단적인 공포 정책은 놀라운 효율과 질서로 이어지면서 눈부신 결과를 가져왔다. 그것이 오늘의 부자 나라 싱가포르의 얼굴이다. 그러나 결과가 수단을 정당화하지 않는다는 뼈아픈 사실을 리콴유는 생전에 스스로 깨닫고 경험하였다.

2011년 5월부터 2013년 1월까지 치러진 3번의 선거에서 자신의 통치 리더십을 물려받은 아들 리셴룽이 이끄는 싱가포르 여당이 사실상 패배한 셈이다. 적은 숫자이기는 해도 야당에게 의석을 몇 석 더 빼앗겼기 때문이다.

갤럽이 2012년 148개국 국민을 대상으로 실시한 행복 조사에서도 싱가포르는 놀랍게도 꼴찌에 머물렀다.

리콴유도 생전에 이런 변화를 분명히 받아들였다.

"앞으로 상황이 어떻게 전개될지 정확히는 모르겠다. 그러나 나는 현재의 시스템이 최고라고는 생각하지 않는다."

04 기적은 계속된다

리콴유는 '싱가포르의 기적'을 만들어 냈다.

그는 싱가포르 건국 50주년2015년 8월 9일을 불과 넉 달 반 남겨두고 세상을 떠났다. 국토 면적이 서울특별시보다 조금 넓은 조그마한 섬나라가 건국 50년도 안 되어 국내총생산GDP 4,500억 달러 규모의 경제로 커진 것은 기적에 가까운 놀라운 일이다.

싱가포르가 말레이 연방으로부터 독립한 것은 1965년이다. 그때 상황은 매우 힘든 시기였다. 주州 지사였던 리콴유가 싱가포르의 자치 권리를 요구하며 정치적 충돌을 자꾸 일으키다가 말레이 연방으로부터 쫓겨나는 모양새였다. 자치 독립을 요구하기는 했어도 별다른 준비 없이 쫓겨나 독립 당한 싱가포르의 경제는 바닥이고, 실업률은 높은 상태였다.

리콴유는 그런 상황에서 강력한 법치를 통해 사회적 혼란을 우선 가라앉히고 경제 개발에 주력했다. 그런 리콴유의 리더십이 기적으로 이어졌다. 치안이 안정된 싱가포르는 동남아시아의 하늘과 바다 교통의 요충지라는 지리적 조건을 최대한 살려가면서 중동에서 석유를 싣고 돌아가는 선박들이 싱가포르에서 잠시 쉬어가도록 하는 비즈니스 모델을 개발하는 데 성공했다.

이를 현실화하기 위해 정부가 나서서 세계적인 정유회사들에게 땅과 세제 혜택을 제공하는 묘안을 짜냈다. 1970년대 건립된 정유 기지들은 지금도 하루에 139만 배럴의 정유를 정제하고 있다. 이는 고용과 수출액 증대로 이어졌다. 경제를 한 단계 업그레이드 시킨 뒤에 1980년대에는 고등교육을 받은 엘리트 공무원들의 육성과 뛰어난 치안, 물류 중심지임을 내세워 하드디스크로 대표되는 정밀산업 유치와 관광 사업 등에 힘을 쏟았다.

1980년대에는 최신식 대형 국제공항과 전철, 교통망 건설, 금융 산업 등 여러 분야에 걸친 투자로 연결해 각종 경제 위기를 극복하는 데 더욱 주력했다. 2000년대 후반에는 금융 바이오 정보기술IT 등의 산업 분야를 선정해 집중 투자에 나섰다.

리콴유는 새로운 모델을 계속 개발하는 리더십을 보였다. 공적 영역이 민간 영역과 대등하게 경쟁할 수 있어야 한다면서 최고의 정부를 운영하기 위해 최고의 인재를 최고의 대우로 영입하여 공무원으로 기용하는 최고주의 원칙을 세우고 실행에 옮겼다.

공직자들이 대우가 좋아야 부패를 저지르지 않는다는 논리도 내세웠다. 공무원들의 부정부패 범죄는 그 이유를 막론하고 일벌백계로 엄하게 다스렸다. 그 결과 싱가포르 국민에게 공무원이 되는 것이 최고의 엘리트 코스라는 것을 심어주고 인정받았다.

유능한 꿈나무들이 인재 양성기관으로 유명해진 국립 싱가포르 종합대학교로 몰려들었고, 졸업 후에 최상위 그룹은 공무원으로 진출하는 새로운 풍속을 만들어 냈다. 리콴유는 대그룹들이 인재를 중요하게 여기듯 국가 운영에도 우수한 공무원들이 중요하다는 평범한 진리를 정착시키면서 부정부패 없는 싱가포르의 기적을 일궈냈다.

미국의 시사 월간지《아틀랜틱》은 '리콴유 수수께끼'라는 제목의 기사를 통해 이런 질문을 던졌다.

"싱가포르의 국부로 불리는 리콴유 전 총리가 세상을 떠났다. 리콴유로부터 미국은 무엇을 배울 수 있을까?"

이 잡지는 리콴유의 업적에 대한 칭송도 아니고, 리콴유의 독재에 대한 비판도 아니었다. 다만, 정부 통치를 평가하는 주요 지표로 3가지가 주로 쓰였다고 언급했다.

첫째 민주주의 정도와 시민 참여, 시민의 정치적 권리 수준.

둘째 정부의 이슈 대처 능력과 정책 수립의 효율성, 부패 방지 능력.

셋째 소득, 건강, 안전 등 국민이 원하는 것을 만들어내는 능력을 꼽았다.

이어 지난 50년간 미국·싱가포르·필리핀·짐바브웨의 수치를 비교했다. 필리핀은 미국이 민주주의를 가르쳐준 국가이고, 짐바브웨는 싱가포르가 영국으로부터 독립한 뒤 몇 년 후 독립해서 로버트 무가베가 독재를 해온 나라다. 4개 나라에 대한 비교는 다소 극단적이지만 싱가포르의 상대적 위치를 보여준다는 점에서 흥미로움을 안겨준 것이다. 싱가포르는 지난 50년간 1인당 GDP가 12배 증가했다. 1인당 GDP는 약 500달러에서 5만 5,000달러까지 올랐다. 같은 기간 미국과 필리핀의 GDP는 약 2배 정도 올랐고, 짐바브웨는 오히려 떨어졌다.

21세기에는 싱가포르가 미국보다도 더 나은 결과물을 보여줬다고 지적했다. 지난 15년간 미국은 2% 미만의 성장을 보인 데 반해 싱가포르는 평균적으로 거의 6%에 달하는 성장률을 보였다.

싱가포르는 세계경제포럼의 국가 경쟁력 순위에서 스위스에 이어 2위를 차지했다. 미국은 3위였다.

싱가포르는 지난 7년간 전 세계에서 가장 사업하기 좋은 국가로 꼽혔다. 싱가포르 경제의 개방성과 효율성, 정부의 기업 친화 정책, 낮은 법인세율, 비즈니스 법률 인프라, 낮은 부패도 등을 강점으로 꼽았다. 미국은 같은 평가에서 7위였다.

싱가포르 정부의 효율성도 세계적이다. 월드뱅크가 매년 발표하는 정부 관련 지표정부 효율성, 규제의 질, 법적 안정성, 부패의 정도를 보면 싱가포르는 대부분의 영역에서 10위 안에 들어간다. 미국은 꼴찌에서 20번째 정도에 불과하고, 필리핀과 짐바브웨는 뒤에서 3번째다. 2014년 갤럽의 세계 조사에서도 85%의 미국 국민이 정부의 부패가 만연하다고 응답한 반면에 싱가포르는 8%의 국민들만 정부가 부패했다고 밝혔다.

"과연 정부는 무엇을 해야 하는가?"

시사 월간지《아틀랜틱》은 이런 질문이 이어질 수밖에 없다고 평가했다. 미국이나 서양에서는 시민의 정치적 권리에 주목했지만, 리콴유는 "정치 제도의 근본적인 가치는 국민 대다수의 삶의 질을 얼마나 향상시킬 수 있는가?"에 있다고 진단했다.

〈인디펜던트〉 신문도 "자유는 아침 시간에 얼마나 문제없이 거리를 걸을 수 있는지? 얼마나 두려움 없이 문을 열어 줄 수 있는지? 여성이 버스나 기차를 혼자서 타는데 문제가 없는지? 해가 진 뒤에 지하철을 타는 걸 꺼리지는 않는지? 하는 문제들과 관련이 있다."라고 전했다.

'위대한 전략가' 거인 리콴유는 영국 식민지 시절인 1923년 중국 남부 지방에서 싱가포르로 이민 온 부유한 화교 집안의 장남으로 태어났다. 그렇지만 그의 집은 그가 대학 시절에 몰락했다. 그는 대학 시절에 인종 간의 갈등과 불화를 겪었고 사회 부조리에 대해 심각한 고민에 빠지기도 했다.

드디어 1950년 변호사가 되어 노동 전문 변호사로 활동하면서 장차 정치인으로서의 변신을 꾀해 나갔다. 1954년 실용주의 정당인 인민행동당의 설립을 주도함으로써 사무총장이 되었고, 5년 후 36세 젊은 나이로 싱가포르 첫 총리가 되었다. 이것이 바로 가난한 섬들이 모인 나라 싱가포르를 세계적인 금융, 무역, 물류, 유통, 교통의 허브로서의 기적을 일구어 놓는 역사의 시발점이었다.

하지만 싱가포르에도 고민이 있다. 그 고민은 일종의 행복한 고민이다. 비교적 안정을 누리면서 잘 산다는 사람들이 자꾸 더 살기 좋은 곳을 찾아 해외로 빠져나간다는 일이다.

거기에 출산율마저 세계 최하위 권에 속한다. 그뿐만이 아니다. 설상가상으로 '기회가 되면 외국으로 이민하고 싶다'는 사람들이 늘어나고 있다. 해외로 빠져나가는 인구를 보충하려는 대비책으로 2005년 이후 매년 15만 명 이상씩 이민자를 받아들였다.

그 결과 이민자 비중이 전체 인구의 40% 가까이에 달하는 것으로 증가하였다. 싱가포르의 심화되는 빈부 격차가 사람들을 떠나게 만드는 것인가? 아니면 경제 발전이 정치적 통제를 상쇄할 수 있다고 한 리콴유의 논리에 약 효과가 떨어진 것일까?

사실 리콴유가 떠났어도 싱가포르의 기적은 계속되어야 하는데, 실상은 그렇지 않다는 데에 싱가포르의 또 다른 고민이 집중되고 있다.

05 아시아의 유토피아

영국 유학을 마치고 싱가포르로 돌아온 리콴유는 원대한 꿈의 청사진을 수첩에 깨알같이 적었다.

"싱가포르를 유럽의 스위스를 모델로 삼아 아시아의 유토피아를 만들겠다."

이것이 싱가포르가 지향하는 원대한 비전의 근간이다.

리콴유는 '아시아는 야만과 가난의 실체'라고 생각했다. 먼저 이것부터 고치겠다면서 강력한 법치국가를 만들었다. 그런 사례는 싱가포르가 여름의 나라, 열대 기후이지만 반바지 외출을 금지시키고 교양 없고 지저분한 껌은 생산은 물론 판매도 하지 말라며 금지했다. 그뿐만이 아니다. 자동차의 경우 도시국가라는 조건을 감안하여 과속이 불가능하도록 기능적인 기본 구조 자체를 바꾸게 하였다. 법을 어길 때 내외 국민을 가리지 않고 태형과 같은 엄격한 제재를 가하도록 했다. 그래서 싱가포르는 법치가 인권을 초월하는 '공포의 국가'라는 비난까지 받았다.

"싱가포르에서 생활하려면 싱가포르 법을 지켜라!"

리콴유의 새로운 실험은 거침없이 진행되었다. 더구나 새로운 실험이 성공할 수 있도록 자신이 솔선수범하였다. 야당 지도자들은 연방주의를 내세우며 리콴유의 장기 집권을 반대하고 나섰다. 그러나 투명성과 청렴을 앞세운 리콴유 정부를 싱가포르 국민이 절대 지지했다.

리콴유에게는 개인의 인권을 앞세운 서구 민주주의가 싱가포르에는 맞지 않다고 생각했다. 서구식 민주주의를 제한하는 것이 숙명이었다. 왜냐하면 도시국가로서의 생존을 우선하는 것이 더 중요하다고 본 것이다. 그는 시종일관 서구적 보편주의로서는 싱가포르의 발전을 이룩하기 어렵다고 보고, 서구식 민주주의의 환상에서 깨어나라고 경계하면서 유토피아 건설을 강하게 부르짖었다.

리콴유는 싱가포르를 강소 부국으로 만들기 위해 천민자본주의를 배격하고 거대한 학습 도시로 재탄생시켰다. 체계적인 도덕

| 리콴유의 아들 리셴룽현재 총리

과 윤리 교육을 도입하여 차별화하고 자신이 앞장서 평생학습을 문화 코드로 정착시켜 뿌리를 내리게 했다. 이와 함께 도덕 국가의 기반을 다지고 세계적 기업들이 환영할 도시 환경을 조성하는데 힘썼다. 외교 군사적 면에서도 영국 등의 협조로 이웃 나라들이 결코 얕볼 수 없도록 독새우 전략을 폈다. 독새우는 규모는 작지만 주변국에 취약하지 않은 자주국방을 의미하는 말이다.

그의 일관되고 장기적인 실험 행진은 하나같이 성공으로 이어졌다. 부정부패의 악명을 듣던 섬마을 싱가포르를 아시아의 지상낙원 유토피아로 변화시키는 기적을 이룩해냈다.

다국적 기업들은 매우 호의적이었고 선진국들은 싱가포르의 강소 부국 창출을 인정했다. 하지만 그에게 있어 싱가포르는 자신의 세대만을 위한 성공이 아니라, 자손만대에 걸쳐 문화적 유산이 되기를 간절히 기원한 것이다.

그는 이를 위해 자신의 은퇴 후를 대비하여 신세대 지도자를 양성했다. 후임 총리인 고촉통Goh Chok Tong과 리콴유의 아들 리센룽이 바로 그들이다. 그래서 정계 은퇴 후에도 총리 특별 보좌역이라는 이름으로 자연스럽게 자신의 통치 경험을 들려주는 활동을 계속할 수 있었다. 리콴유에게는 싱가포르를 유토피아로 만들었다는 치적과 함께 카리스마적 독재자라는 평가를 거부할 수도 없다. 이는 지도자에게 따르는 어쩔 수 없는 등식이다.

선과 악의 양면이 있다는 것도 숨길 수 없다. 선과 악은 동전의 앞과 뒤 양면과 같기 때문이다.

06 파파 잃은 섬나라

싱가포르는 지금 선장을 잃은 섬나라이다. 나라를 일으킨 국부가 하늘나라로 떠났기 때문이다. 리콴유는 누가 뭐라 해도 싱가포르의 파파Papa, 국부임은 틀림없다.

더구나 리콴유의 아들 리셴룽 총리가 집권한 지도 10년이 넘어 정치적으로 어떤 단안을 내려야 할 시점이 가까이 다가온다. 혼란에 빠지지 않으려면 대단한 개혁이 뒤따라야 한다는 분석이 많다.

리콴유 싱가포르 초대 총리가 세상을 떠난 뒤 중국의 매체들은 그의 공과를 평가하며 '패도가장覇道家長'이라는 말을 거침없이 썼다. 더구나 중국은 리콴유의 원고향이다. 그런 중국의 매체들이 그를 원색적으로 비난하고 나섰다. 그가 인간의 의리를 무시하고 개발과 발전만을 강조해온 독재자였고 가혹한 패도가장이었다고 몰아붙인 것이다.

본래 패도가장이라는 말은 중국 춘추 전국 시대에 맹자가 왕도와 대비되는 말로 힘에 의한 정치를 말할 때 썼던 단어이다. 그 단어를 리콴유의 권위주의에 빗대어 지적한 표현이다.

중국의 언론들은 리콴유 사진의 절반을 빛, 나머지는 절반을 그림자로 표시했다. 이는 경제 발전과 부패 근절을 밝음, 가혹한 형벌과 언론 자유 제한 등을 어둠으로 지적한 것이다. 중국뿐만 아니라 영국과 미국 등 서방의 언론들도 리콴유가 떠난 싱가포르의 미래가 밝지만은 않다고 전했다.

그가 남긴 유산 가운데 그림자에 해당하는 문제는 그가 세상을 떠난 지금, 거침없이 이어질 가능성이 크다는 것이다.

그래서 싱가포르라고 하는 거대한 도시국가 섬나라의 미래 방향이 걱정된다는 분석을 내놓고 있다. 그런 가운데 대표적인 것이 리콴유 전 총리가 기반을 닦아 놓은 다인종, 다문화 융화 정책이 앞으로 부메랑이 될 확률이 높다는 전망이다.

사실 싱가포르 국민들도 날로 늘어만 가는 이민자 유치에 반발하고 있다. 그래서 2017년 총선이 흐름의 방향을 바꿀지도 모르는 변수가 될 것이라고 예측한다. 현재 싱가포르 전체 인구 546만여 명 가운데 해외에서 이민 온 사람들이 무려 150만여 명에 이른다. 전체 인구의 35% 이상이 이민자들이다. 고질적인 저출산과 노동력 부족 문제를 해결하려고 해외 이민자 유치를 장려했기 때문이다.

싱가포르 정부는 국가 경쟁력을 위해 인구수를 2030년까지 700만 명으로 늘리는 방안을 추진 중이다. 이를 위해 이민자 수를 늘리는 정책을 계속 펴고 있다. 이에 대한 반발이 2017년 총선에서 어떤 형태로든 나타날 것이라는 예측이 벌써부터 나오고 있다고 외신들이 전했다.

현재 집권 정당인 인민행동당은 1959년 싱가포르가 영국 식민지에서 벗어나면서 집권한 이래 지금까지 한 번도 선거에서 진 적이 없다. 절대 강자의 지위를 자랑한다. 인민행동당은 2011년 선거에서는 87석 가운데 6석을 노동당에 내줬다. 이 여섯 자리는 싱가포르 역대 선거 사상 없었던 최다 의석 수이다. 6석을 야당에게 내주었다는 것은 그만큼 집권당이 흔들리고 있다는 암시이다. 그때 리셴룽 총리는 매우 큰 충격을 처음 맛보았다. 그러면서도 자신감 넘치는 말을 했다.

"야당이 후계자를 키우려면 최소 12년 이상 준비가 필요하다."

그러나 싱가포르 국민들은 권위주의적인 현 정부에 대한 반감이 민심으로 반영된 것으로 선거 결과를 분석했다. 리콴유에서 고촉통 총리를 거쳐 2004년 리셴룽으로 이어진 체계적인 권력 이양 덕분에 리콴유 이후의 싱가포르가 당장 혼란에 빠지는 일은 없을 것으로 보인다. 하지만 리콴유가 이끈 경제 성장의 결과 풍요의 열매는 부유층 위주로 분배되면서 정부에 대한 불만이 커지고 있다는 것만은 부인하지 않을 수 없는 현실이다.

빈부의 격차를 나타내는 지니계수, 곧 0~1 범위에서 1에 가까울수록 불평등이 심해진다. 싱가포르는 지난해 지니계수 0.464를 기록할 정도로 소득 불평등이 높아지고 있는 것으로 드러났다. 이는 OECD경제협력개발기구 평균에 훨씬 못 미치는 수치이다. 그러나 불안하다는 분석이다.

| 리셴룽 총리와 그의 아내 호칭 오른쪽

외신들은 부자 현상이 너무 일부에 집중되어 싱가포르라는 선박의 중심이 한쪽으로 쏠려있고, 한 달 가계 소득 1,000달러도 못 되는 가난한 사람도 많다고 분석하고 있다. 인구의 약 10%는 4인 가족 기준으로 월 평균 소득이 1,000달러 이하의

저소득층으로 최저생계비에도 못 미치는 생활을 하고 있다는 것
이다.

그러나 사회적 현실이야 어찌 되었건 간에 리셴룽 총리를 비롯
해 리콴유의 가족들이 싱가포르 정계와 재계에서 입지를 굳혀온
만큼, 리콴유 전통 체제는 지속될 전망이라고 본다. 리셴룽 싱가
포르 총리의 부인 호칭은 올해 62세인데, 싱가포르 최대의 국영투
자회사인 테마섹 홀딩스의 CEO최고경영자로, 지난해 미국 경제지
《포브스》가 뽑은 영향
력 있는 세계 여성 가
운데 59위에 올랐다.

테마섹 홀딩스는 자
산 규모가 193조 원에
달하는 세계적인 국부
펀드로 꼽힌다. 또 리
콴유의 2남 1녀 가운데
막내인 리셴 양은 올해
58세인데, 싱가포르의
창이 국제공항을 운영
하는 공기업 싱가포르

| 싱가포르 국영투자회사 테마섹 홀딩스

민항항공청CAAS 의장을 맡고 있다.

미국 시사지 《애틀랜틱》은 이런 평가를 내렸다.

"리콴유가 떠난 싱가포르에서는 앞으로 리콴유의 가족 등 중국계 인사가 정치, 경제, 산업계의 고위직을 모조리 독점한 것에 대한 반발이 거세게 일어날 것으로 예상된다."

03

창조의 횃불

01 섬에서 떠오른 드래곤

싱가포르는 한국·홍콩·중국과 함께 이른바 아시아 4룡龍으로 불린다. 아시아의 4룡 가운데 하나인 싱가포르는 섬에서 떠오른 강력한 용파워 드래곤이다. 리콴유는 용의 기질을 바탕으로 국가 발전 정책을 추진해 천지개벽을 일으켰다.

더구나 한국의 박정희 대통령과 리콴유는 각박한 환경에서 산업을 일으키면서 부강한 나라로 발전시켰다 하여 더욱 관심을 끌었다. 리콴유의 일생은 결코 순탄한 생애는 아니었다.

영국 식민 시절인 1923년 9월 16일, 부유한 중국 이민자 집안의 장남으로 태어난 그는 영국을 거쳐 일본의 식민 지배를 받으면서 가난에서 벗어나야 한다는 신념으로 실용주의 강경 노선을 선택한 정치 지도자로서 오늘의 싱가포르를 만들어 낸 인물이다.

리콴유는 지금의 싱가포르를 경제 산업 국가로 성장시키면서 국민소득 5만 달러로 끌어올리는 저력을 보여주었다. 가난한 섬마을 싱가포르를 아시아의 최고 부자 나라로 만들기까지 그는 국가와 국민을 위해서 엄청난 노력을 퍼부었다.

그는 대한민국 인구의 불과 10분의 1밖에 안 되고 국토 면적도 역시 대한민국의 1개 지방자치단체 단위에도 미치지 못하는 훨씬 작은 섬마을을 세계 역사상 유례를 찾아보기 어려울 만큼 민주주의 나라로, 또 산업 국가로 동시에 이루어낸 세계적인 정치인이다.

"민주주의란 백성을 배불리 먹이고, 자유롭게 살도록 하는 것이다. 배곯는 민주는 민주가 아니다."라는 것을 외치면서 한 시대를 이끌었던 리콴유는 그런 집념을 현실로 보여주고 세상을 떠났다. 수백만 명의 백성들은 굶겨 죽이고 자기들의 배만 불리는 위정자는 민주의 탈을 쓴 악랄한 폭군이며 지독한 독재자라는 것을 리콴유는 분명하게 알려 주었다.

하지만 리콴유는 '독재자'라는 비판에서는 절대 자유롭지 못하였고 그런 비판은 수없이 받아왔지만, 누가 뭐라고 해도 싱가포르의 오늘을 만들었고, 청렴한 싱가포르를 완성한 사람으로 기록되어 있다. 싱가포르 사람은 물론 외신들도 같은 말을 했다.

"박정희 전 대통령과 리콴유 전 총리는 비록 독재를 했지만 가난에서 국민을 해방시킨 통치자로서 닮은꼴 지도자였다. 그런 독재자라면 천 번이고, 만 번이고 그분들을 추앙하고 따를 것이라고 애도하는 사람들이 많다."

리콴유는 싱가포르에 가장 큰 영향을 미친 정치인으로 기억되고 있다. 싱가포르의 제1대 총리였던 그는 두 번째 총리인 고촉통 내각에서도 수석장관으로서 정치에 관여했다. 그리고 싱가포르의 세 번째 총리가 된 그의 아들 리셴룽 총리를 조언하는 특별 직책도 맡았다. 그는 실용주의 노선의 선구자였다. 대중의 인기에 결코 연연하는 사람이 아니었다. 그는 강조하였다.

"지도자가 언론에 영혼을 빼앗겨서는 안 된다!"

그는 자원이라고는 아무것도 없고, 유일하게 주민들과 좁은 땅, 넓은 바다밖에 없던 작은 섬나라 싱가포르를 이렇게 잘 사는 나라로 만드는데 모든 열정을 다 바치고 세상을 떠났다. 월급의 20%를 의무적으로 개인 계좌에 불입하고, 회사가 20%를 부담하는 중앙적립기금CPF을 마련, 국민 모두에게 주택을 공급하는데 주력했다. 의료보험 용도로 활용하는 복지 시스템도 만들어 생존을 위해 필요한 사회적 안전장치로 활용하는 지혜도 보였다.

마약 소지자에게 사형을 선고하는 엄격한 사법제도는 중국과 영국의 아편전쟁에 기원을 둔 것이다. 이는 비밀스럽게 거래되는 국가 간 마약 밀매의 고리를 끊기 위해 작은 나라 싱가포르가 할 수밖에 없는 일, 하지 않으면 안 되는 일이라고 생각했다. 생존을 위한 유일한 몸부림이었다.

그는 세상을 떠나기 얼마 전에 이런 당부의 말을 남겼다.

"내가 죽거든, 나의 집이 국가 성지로 지정되는 일이 없도록 집을 허물어 버려라!"

리콴유의 유언은 자신이 살던 집을 헐어 버리라는 것이었다. 집을 보존하게 되면 아무래도 그 집이 특별한 의미를 가진 집이 되기 때문에 경비가 심할 것이므로 이웃 주민에게 불편을 줄 것이라는 걱정을 한 것이다. 또 개발을 해야 할 이유가 있을 때 개발을 못 하게 되는 비생산성도 있다고 보았다.

하지만 그의 유언이 실현될지 말지는 아직은 확실치가 않다. 그의 집을 리콴유의 기념관으로 만들자는 여론도 만만치가 않기 때문이다. 싱가포르의 서울 싱가포르시 옥슬리 거리 38번지에 있는 그 집은 그가 75년 동안 살았던 낡은 자택이다. 은퇴한 뒤에는 집필과 손님맞이를 위해 사용해 왔다.

붉은 색깔을 띤 기와로 덮은 건물 2채로 오랜 세월을 버텨온 탓에 낡고 헐었지만 깨끗하게 정돈된 느낌을 주는 집이다.

그가 세상을 떠난 뒤에 그의 자택을 헐어 버리라는 유언을 남겼다는 언론 보도를 본 뒤 많은 사람이 그가 살았던 자택을 구경했다. 그 자택은 벽이 곳곳에 갈라지고 그냥 둬도 곧 무너질 듯이 매우 낡고 초라한 모습이었다. 그가 총리가 되기 전부터 살기 시작한 이래, 무려 75년 동안 이 자택에서 살아왔다.

자신이 살던 집까지를 헐어 버리라는 유언을 남기고 떠난 그에게서 많은 사람이 리콴유의 결벽증에 가까운 철저한 자기관리와 나라 사랑, 국민 사랑을 다시 엿보고 느꼈다.

02 중국계 제4세대의 뚝심

리콴유는 자신의 자서전에서 "나는 중국계 제4세대 싱가포르 사람"이라고 밝혔다.

그의 증조할아버지 리복분은 1846년 중국 광둥성에서 태어나, 영국의 동남아 해협식민지로 1862년 이민을 갔다. 리친쿤과 추아 짐니의 큰아들인 리콴유는 싱가포르의 캄퐁 자바가 92번지에 있는 큰 방갈로에서 태어났다. 어릴 적에 그는 할아버지 리훈렁으로부터 영어를 배웠다. 이로 말미암아 영국 문화에 많은 영향을 받았다. 그의 할아버지는 어린 손자인 그에게 광요라는 중국 이름에 덧붙여 '해리Harry'라는 영어 이름을 더해 주었다.

그래서 그의 가장 가까운 친구들과 가족은 리콴유를 '해리' 또는 '해리 리콴유'라고 호칭하기도 했다.

리콴유는 콰걱추와 1950년 9월 30일 결혼하였다. 이들 부부 사이에는 두 아들과 딸 하나를 두었다. 그의 자녀들은 싱가포르 내에서 대부분 정부 고위 관료로 재직하고 있다. 전 육군 장성이었던 큰아들 리셴룽은 2004년도부터 싱가포르의 총리이자 재무부 장관이 되었다. 그는 또한 싱가포르 정부 투자회사의 부의장을 맡고 있다. 의장은 아버지 리콴유가 맡았다.

둘째 아들 리셴양은 역시 육군 장성 출신으로 싱가포르 최대의 국영회사인 싱텔의 최고경영자이다. 싱가포르 항공이나 DBS 은행과 같은 정부 관련 회사들의 지분을 가지고 있는 테마섹 지주회사가 현재 싱텔의 지분 중 56%를 가지고 있다.

테마섹 지주회사는 리콴유의 큰며느리인 호칭이 최고 경영자로 재직하고 있다. 국립 신경학회를 운영하고 있는 리콴유의 딸 리웨이링은 여전히 미혼이다.

리콴유의 아내 콰걱추는 생전에 법률회사 리&리를 리콴유와 공동 운영했었다. 그의 동생 데니스, 프레디, 수전 유 또한 같은 회사의 파트너였다.

여동생 모니카가 있다. 그러나 리콴유 자신은 지속적으로 친척에 대한 특혜에 대해 부인해 왔다. 그의 가족들의 현재 위치는 그들 자신의 능력에 따른 것이며 취향과 성품에 따른 것이라고 여러 차례에 걸쳐 밝혀 왔다.

리콴유는 텔록 쿠라우 초등학교와 래플즈 중등학교 및 싱가포르 대학교를 다녔다. 그러나 제2차 세계대전 중인 1942년부터 1945년 사이에는 일본의 지배로 인해 대학에 계속 다닐 수 없어 휴학하고 타피오카를 이용해 만든 스틱파스라는 접착제를 판매하며 생계를 유지했다. 한편으로는 1942년부터 일본어와 중국어 수업을 듣고 동맹군의 정보를 번역하는 일과 일본의 호도부에서 영어 편집을 맡아 일했다. 호도부는 정보 및 선전 부서였다.

전쟁이 끝난 뒤에 영국으로 유학을 갔다. 런던 정치 경제대학교와 케임브리지 대학교 피츠윌리엄 칼리지에서 법학을 전공했다. 그는 1949년에 싱가포르로 돌아와 법률회사에서 변호사로 일했다. 리콴유가 중국계 화교의 아들이라는 사실은 이미 널리 알려진 이야기이다. 그 스스로도 중국계 제4세대라고 말했다.

화교는 중국인들이 중국 영토 밖에서 중국 국적을 그대로 가지고 장기적으로 또는 개인적인 용무로 머물면서 생활하는 사람들을 일컫는 말이다. 중국 화교가 발생한 것을 대체로 두 가지 경로이다. 아편전쟁1840~1842년 이전과 그 이후로 보는 것이다. 아편전쟁은 영국이 중국을 침략하면서 일어난 전쟁이다.

애당초 화교는 식민지 체제 아래에서 인종, 민족적 차별 때문에 소외되고 따돌림을 받은 사람들이 먹고살기 위해 다른 나라로 옮겨간 사람들이다. 그들은 원주민 틈에 끼어서 생업을 유지하기 위해 주로 상업에 종사하는 경우가 대부분이었다. 중국인 재외 화교는 2015년 현재 6,000여만 명으로 알려져 있다. "바닷물이 닿는 곳이면 그곳이 어디이건 화교가 있다."라는 말이 있을 정도로 지구촌 곳곳에 분포되어 있다.

아시아 최대 부호로 소문난 부호 리카싱, 마카오 카지노 왕 뤼즈허도 모두 중국 출신의 화교들이다. 화상들의 자본은 국경 없는 세계 3위의 경제 세력이라고 불릴 정도로 엄청나게 성장했다.

중국은 그야말로 중국 대륙 본토 안에 있는 경제권 이외에 별도의 외국 경제권을 가진 세계 최강 경제국이 되어 있는 셈이다.

이처럼 화교들이 세계 각국에 굳건한 경제력을 바탕으로 자리를 잡았다. 한국에도 화교가 들어와 살고 있지만, 다른 나라에 나가 있는 화교들과는 성격이 많이 다르다.

한국 화교의 역사는 1882년 임오군란 때 산둥성 옌타이에서 청나라 군대와 함께 들어온 약 40명의 화상에서 시작되었다.

1948년 한국 정부가 외국인의 한국 내 거주를 허가하지 않으면서 화교의 한국 유입은 끝났다. 이후 두 번의 통화 개혁으로 현금 보유를 선호했던 화교들이 경제적으로 어려움을 겪었고, 1961년 외국인 토지 소유 금지로도 많은 차별을 당했다. 위축되어 있는 한국 내 화교 활성화를 위해 2005년 서울에서 세계화상대회를 열기도 했지만, 10만 명이 넘던 한국 내 화교의 수는 현재 2만여 명으로 줄어들었다.

나라마다 화교를 받아들이는 과정도 다르다. 본래 화교는 중국 국적을 지닌 채 다른 나라에서 살고 있는 사람들이다. 그런데 화교 사회는 거주하는 나라의 국적을 취득하여 생활하는 사람들과, 중국 국적을 그대로 지닌 채 화교로 경제 활동을 하면서 사는 사람으로 갈라졌다. 거주 국가의 국적을 취득하는 경우에는 중국인으로서의 법률적 귀속 사유가 없어지고 해당 국가의 법률에 따라야 한다. 그래서 많은 화교가 중국 국적을 그대로 지닌 채로 활동하는 경우가 많은 것이다.

화교들이 외국으로 나가 거주하는 국가의 국적을 취득해 살고 있는 성공 케이스는 바로 싱가포르이다. 싱가포르는 외국인에게도 싱가포르 국적을 갖도록 하는 나라이다. 그래서 싱가포르에 거주하는 화교도 국적을 취득해야 한다. 싱가포르 국적을 취득하면 중국인이 아니라 싱가포르 국민이 된다. 법률적, 정치적인 지위와 권리 자격을 인정받는다. 말레이시아도 그런 방향으로 가고 있으나 전체 인구의 35% 수준이라 싱가포르처럼 완전히 보장할 정도에는 이르지 못하고 있다.

싱가포르에서는 화교 출신의 중국인들이 전체 인구의 75%를 차지한다. 그들이 싱가포르 국적을 취득하여 정치·경제적으로 주도권을 장악하고 있는 것이다. 리콴유가 중국계 화교 제4세대 이면서도 싱가포르를 통치할 수 있었던 것도 그런 이유다.

03 선거인으로 정치 활동

"리콴유는 싱가포르에서 어떻게 정치 활동을 시작했을까?"

그는 선거인으로 정치 무대에 처음 등장했다. 정치 생활 초기는 1951년부터 1959년 사이였다. 리콴유는 정치인으로서 첫 경험을 친영국적 정당인 진보당에서 시작하였다. 후보로 나선 그의 상사 존 레이콕을 위해 선거인으로 뛴 것이 그 첫 무대였다. 그러나 그 정당이 대중, 특히 중국인의 지지를 받지 못하였기 때문에 리콴유는 결국 정당의 미래가 그리 밝지 않음을 직감하였다.

싱가포르에서는 선거권이 매우 엄격하게 제한되어 있었다. 그런데 1953년에 렌델위원회가 선거권을 가진 사람의 자격을 싱가포르에서 태어난 모든 사람으로 확대했다. 그로 인해 싱가포르에서 투표권을 행사할 수 있는 중국인들의 숫자가 엄청 늘어났다.

이때 리콴유는 무역 노조와 학생조합에 법률적 조언을 해주는 변호사로서 중국어를 사용하는 사람들과의 연결고리를 가지고 있었다. 이로써 리콴유의 정치적 지원자들도 엄청나게 증가하게 되면서 그의 활동 반경이 더 넓어졌다. 또한, 활동 기회도 더 많아지게 되었다. 그가 나중에 진보 정당인 인민행동당을 만들 때 이러한 연결고리를 파업에서의 협상 카드로 사용하는 지혜를 발휘하면서 대중적인 인기를 누렸다.

1954년 11월 21일 리콴유는 '맥주 마시는 부르주아들'이라고 그가 지칭하던 영어를 배운 사람들과 함께 인민행동당을 만들었다. 새로 만든 이 정당은 친공산주의적 성향인 무역 노조와 정략적인 연계를 통해 만들었다. 이는 무역 노조원들이 영어를 사용하는 계층인데다가 친공산주의자들의 절대적인 지지를 바탕으로 표를 모을 수 있다는 계산에서다.

그런데 그때 공산주의자들의 활동에 많은 문제점이 나타났다. 특히 말레이시아 공산당이 불법이었기 때문에 이들과 연계된 사람들을 가려내기 위한 지도층이 필요했기 때문이었다. 리콴유를 이 정략적 연합을 "편리를 위한 결혼"이라는 말로 비유했다. 이 두 계층의 공동의 목적은 독자적인 정부를 구성하고 영국 식민 지배를 끝내기 위해 대중을 선동하는데 그 목적이 있었다.

창당식은 빅토리아 기념 홀에서 1,500명의 지지자와 무역 노조 회원들로 가득 찬 가운데 이뤄졌다. 창당식에는 통일 말레이시아 국민기구의 툰쿠 압둘 라만과 말레이시아 중국인 연합의 탄청록이 특별 초청되었다. 신당에 신뢰를 주기 위해 부른 것이다.

리콴유는 이 정당의 사무총장이 되었다. 사무총장의 직책을 1957년까지 이어오다가 잠시 동안을 제외하고는 1992년까지 계속 유지하였다. 리콴유는 1955년 선거에서 탄종 파가르 선거구의 의석을 획득하였다. 야당의 당수로서 데이비드 솔 마셜의 노동 전선 연립정부와 대항한 것이다.

그는 싱가포르의 미래 정세에 대해 영국 런던에서 열린 두 차례 회의에도 인민행동당의 대표로 참석하였다. 첫 번째 회의는 마셜이 주최하였고, 두 번째는 마셜의 후임자인 림유혹이 개최했는데, 이 시기에 리콴유는 두 라이벌들과 정치적인 대립을 하고 있었다. 그의 친공산주의적 측근들은 간혹 폭력적인 대중 집회에도 활발히 참여하였다. 이 때문에 적절한 거리를 둔 반면, 여당의 연립정부는 정권을 유지할 수 있도록 작전을 짰다. 종종 그들을 무능력하다고 공세를 펼치기도 하였다.

하지만 1957년 친공산주의자들이 가짜 당원들을 이용해 당권을 장악하는 사태가 벌어졌다. 이 파동으로 리콴유는 사무총장에서 쫓겨났다. 이 때문에 리콴유는 인민행동당에서의 위치가 매우 심각한 위기를 맞았다. 다행스럽게도 림유혹이 친공산주의자들을 대거 구속하라는 명령을 내렸다. 이 덕택에 리콴유는 사무총장으로 복직하였다. 공산주의자들의 당내 위협은 다음 선거를 준비하는 동안 일시적으로 중단되었다.

이때 리콴유는 공산주의 진영의 리더이자 그가 플렌이라고 불렀던 퐁총픽과 처음으로 비밀리에 만났다. 그리고 그 비밀 만남을 자신에게 유리하도록 이끌어내는 작전을 폈다. 그 결과는 1959년 7월 1일 열린 선거에서 성공으로 드러났다. 리콴유가 이끄는 인민행동당이 51개 의석 중 무려 43개의 의석을 차지하면서 제1 정당으로 올라선 것이다. 이로써 리콴유는 싱가포르의 국방과 외교를 제외한 국내 문제에 관한 자치권을 갖게 되었다.

리콴유는 1959년 7월 3일 수석장관이었던 림유혹을 대신해 싱가포르 최초의 국무총리가 되었다. 선거에서 압승을 가둔 리콴유는 국무총리가 되기 전에 림유혹 정부 시절에 구속되었던 림친시옹과 데반 나이르의 석방을 요청했다.

리콴유는 영국으로부터 자치권을 획득한 이후 교육, 주택, 실업 등 많은 문제에 부딪혔다. 우선 주택 문제를 해결하기 위해 대규모 주택 건설을 위한 주거 및 개발위원회를 조직하였다.

1961년 7월 21일 일종의 반란이 일어났다. 13명의 인민행동당 의원이 당론을 따르지 않으면서 내각 불신임 안을 제출한 것이다. 6명의 교역 조합 출신 좌파 지도자들과 함께 이들은 공산주의를 지지하는 정당으로 바리산 소시알리스를 창당한 것이다.

바리산 소시알리스는 창당 시기부터 인민행동당에 버금가는 지지 세력이 나타났다. 인민행동당의 51개 지부 중 35개의 지부와 23명의 간사 중 19명이 바리산 소시알리스로 자리를 옮겼다.

이 사건은 1961년의 분당 사태로까지 치달았다. 이때 인민행동당은 의회에서의 겨우 26석만을 유지해 25석을 유지한 야당을 겨우 1석 차이로 간신히 제치면서 제1당의 지위를 유지하게 되었다.

1961년에 인민행동당은 두 번의 보궐선거에서의 패배와 당원들의 탈당, 좌파의 노동운동에 또다시 휘둘리는 일에 직면했다. 리콴유 정부는 1962년의 말레이 연방과의 합병과 관련한 국민투표 전까지 거의 무너질 위기로 내몰리게 되었다. 1962년의 투표는 정부에 대한 국민의 신임을 묻는 중요한 선거였다.

04 연방 분리의 대혼란

　말레이 연방의 총리 툰쿠 압둘 라만이 1961년에 말레이 연방과 싱가포르, 사바, 사라왁 간의 연방을 제안했다. 그때 리콴유는 말레이시아와 합병하고 영국의 식민지 통치를 끝내기 위한 사전 작업을 시작하고 있었다.

　리콴유는 70%가 투표에 찬성한 1962년 9월 1일에 열린 국민투표 결과를 이용해 국민들이 자신의 계획을 지지한다고 이야기했다. 말레이 연방은 처음에 말레이 연합으로 출발하였다. 말레이시아 반도의 아홉 주州와 페낭, 말라카 두 영국 해협식민지로 구성되어 1948년 1월 31일부터 1963년 9월 16일까지 존속하였던 연방국가이다. 이 연방에는 싱가포르도 속했으나, 브루나이는 속하지 않았다. 1963년 국명을 말레이시아로 바꾸었다. 여기서 2년 후 싱가포르는 독립하였다.

말레이시아는 원래 영국의 지배를 받고 있었다. 본래는 말레이 연방이었으나, 말레이시아 사람들 사이에서 민족주의 의식이 높아지면서 말레이 연합은 해체되었고, 대신에 말레이 연방이 설립된 것이다. 그럼에도 불구하고 말레이시아는 계속해서 영국의 식민지였다. 이곳은 해협식민지의 하나로 간주되었다. 그러나 싱가포르는 이에 속하지 않았다.

1957년 8월 31일, 말레이시아도 드디어 독립을 선언하였다. 이후 1963년 싱가포르, 사라왁, 사바를 합쳐서 새로운 연방을 설립하기에 이르렀다. 하지만 중국계와 말레이시아 사이에 충돌이 발생하면서 엄청난 대참사가 일어났다. 싱가포르는 이러한 것을 융화시키지 못한다는 지적을 받으면서 강제로 쫓겨났다. 결국, 말레이 연방은 종말을 고하고 사라졌다. 말레이 연합국가 조직은 싱가포르에 있는 다수의 화교가 말레이시아에 통합되어 인민행동당이 영향력을 갖게 되는 것을 걱정했다.

이런 분위기 속에서 리콴유는 말레이시아 계통을 우대하는 부미푸트라 정책에 반대했고, 이를 관철하기 위해 말레이시아 연대 회의에서 유명한 구호를 외쳤다.

"말레이시아 사람의 말레이시아다!"

이 말은 말레이시아 계통은 말레이시아의 토착 민족이고, 말레이시아는 다양한 민족이 통합된 나라라는 의미이다.

1964년 싱가포르에서 인종 분쟁이 일어났다. 이 분쟁은 1964년 7월 21일 칼랑 가스회사 부근에서 일어났다. 이 분쟁에서 중국인과 말레이시아인이 서로를 공격하며 싸움을 벌였다. 이로 인해 23명이 죽고 수백 명이 부상을 당했다.

분쟁의 원인에 대해서는 다양한 견해가 나왔다. 그 가운데 대표적인 것은 중국인이 이슬람교도 행렬에 병을 던졌다는 설과, 말레이시아 사람들이 이 분쟁을 일으켰다는 것으로 집약되었다.

1964년 9월에는 더 많은 사람이 다치는 엄청난 분쟁이 일어났다. 수많은 사람이 차량과 상점을 약탈하기까지 했다. 이에 따라 툰쿠 압둘 라만과 리콴유는 이 사태를 진정시키기 위해 대중 앞에 나설 수밖에 없었다. 툰쿠는 이 위기를 해결할 수 없다고 판단해 싱가포르를 말레이 연방에서 쫓아내야 한다는 성명을 발표했다.

"중앙정부에 어떤 존경심도 보이지 않은 싱가포르 주정부와의 모든 관계를 단절한다."

리콴유는 연방에 계속 머물기 위한 타협을 성사시키기 위해 노

| 기자회견을 하는 리콴유

력했으나 그 시도는 실패로 돌아갔다. 결국, 1965년 8월 7일, 말레이시아와의 분리 이후의 관계를 다루기를 하는 분리 협정에 서명했다. 이 협정에서 싱가포르와 말레이시아는 분리 뒤에도 상호 국방과 교역 부문에서 협력하기로 한 것이다.

그러나 합병만이 싱가포르가 생존할 수 있는 유일한 길이라 믿었던 리콴유에게 매우 중대한 위기가 다가왔다.

리콴유는 텔레비전이 중계한 기자회견에서 분리를 발표하면서도 감정을 추스르지 못하는 모습을 보였다. 그 뒤 이때의 기자회견은 리콴유가 말레이시아와의 분리를 선동하지 않았다는 증거로 사용되었다. 리콴유는 이렇게 털어놓았다.

"나는 분리 협정에 서명하던 그때가 매우 고통스러운 순간이었다. 나의 평생에 두 지역의 통합과 합병을 믿어 의심치 않았다. 지금 나 리콴유는 싱가포르의 총리로서 싱가포르 국민과 싱가포르 정부를 대표해 1965년 8월 9일 오늘부터 싱가포르는 자유와 정의 위에 세워졌으며 국민의 복지와 행복, 평등한 사회를 추구하는 나라로, 영원토록 주권을 가진 민주 독립국이 된 것을 선언한다!"

바로 그날 말레이시아 의회는 말레이시아에서 싱가포르를 한 주州로 인정하던 관계를 끊는다는 결의안을 채택했다. 그때 싱가포르는 천연자원과 수자원이 부족해 이런 자원의 공급을 말레이시아에 의존하고 있었다. 매우 빈약한 국방 능력을 가지고 있었기에 싱가포르 정부와 리콴유는 이런 문제를 당장 해결하지 않으면 안 되는 엄청난 곤경에 빠졌다.

05 첫 총리로서의 고민

리콴유는 싱가포르가 말레이시아로부터 분리 독립된 이후 첫 총리로서 깊은 고민에 잠겼다. 그는 자신의 자서전에 이렇게 기록했다.

"독립 이후 싱가포르를 일으켜야 하는 고민 때문에 제대로 잠을 자지 못했고, 며칠 뒤 앓기 시작했다."

영국 총리인 해롤드 윌슨은 영국 고등판무관 존 롭으로부터 싱가포르의 현재 상황에 대한 이야기를 전해 듣고, 깊은 우려를 나타냈다. 그러나 이에 대해 리콴유는 다음과 같이 자신감 넘치는 말로 자신의 뜻을 밝혔다.

"싱가포르에 대해 걱정하지 마십시오! 내 동료들과 나는 고통의 순간에도 또렷한 정신을 갖고 있는 이성적 사람들입니다. 우리는 이 정치의 장기판에서 한 수를 두기 전에 가능한 한 모든 결과를 고려할 것입니다."

리콴유는 싱가포르의 독립을 국제적으로 인정받기 위해 무척 노력했다. 그런 노력 끝에 싱가포르는 1965년 9월 21일 유엔에 가입했고, 태국·말레이시아·필리핀 등 동남아시아 국가들과 함께 1967년 8월 8일 동남아시아 국가연합ASEAN을 만들었다.

반공주의 국가연합인 동남아시아 국가연합은 1967년에 설립된 동남아시아의 정치, 경제, 문화 공동체이다. 매년 11월에 정상 회의를 개최한다. 아세안은 현재 거대한 공동체로 거듭 발전했다.

1967년 8월 8일 태국 방콕에서 창설된 아세안은 유럽연합과 맞먹는 정치·경제 통합체를 지향하고 있다. 아세안은 2008년 12월 15일 지역 공동체의 헌법 구실을 하는 역사적인 '아세안 헌장'을 선포하였다. 리콴유는 아세안의 청사진을 밝혔다.

"아세안은 앞으로 유럽연합처럼 단일 공동체로 통합하는 절차를 단계적으로 밟을 것이다."

리콴유는 수카르노 집권 시절 보르네오를 찾아가지 않은 대신에 인도네시아와 말레이시아가 전쟁을 벌인지 몇 년 뒤인 1973년 5월 25일, 처음으로 인도네시아를 공식적으로 방문했다. 이때 방문을 통해 싱가포르와 인도네시아 간의 관계가 급격히 가깝게 발전했다.

싱가포르에서는 말레이시아 어를 쓰는 사람이 많다. 그러나 다양한 이민자들이 함께 공유할만한 주된 문화를 갖고 있지는 못하고 있었다. 그래서 인도네시아를 끌어안고자 노력한 것이다.

리콴유는 싱가포르 정부와 여당의 협력을 통해 1970년부터 1980년까지 10년 동안 다문화와 다인종에 바탕을 둔 독특한 융화정책을 펼쳐 싱가포르의 새로운 문화를 만들어 가는 노력을 계속했다. 그러면서 우선 종교에 대한 이해와 인종 간의 화합의 중요성을 역설했다. 인종과 종교에 대한 폭력을 일으킬만한 위협에 대한 법도 만들었다.

리콴유는 기독교에서 말레이시아 사람들에게 전도하는 일에 대해 "감각적인 복음 전도"라며 경고했다. 더구나 1974년에는 싱가포르 바이블 소사이어티가 말레이시아 사람들에게 종교적 매체를 출판하는 것을 중단하도록 하는 권고까지 내렸다.

리콴유는 독립한 뒤에 나라의 안정을 우선적으로 생각하면서 국방, 경제, 사회문제의 세 가지 걱정거리부터 해결하는 방안을 마련하는데 중점을 두었다. 공산주의자 및 인도네시아와의 대결 구도를 통해, 싱가포르를 말레이시아로 다시 통합하려는 극단 주의자들의 위협에 정면으로 맞섰다.

이런 과정에서 싱가포르의 취약한 국방력이 가장 큰 골칫거리로 떠올랐다. 싱가포르가 유엔에 가입한 뒤 리콴유는 싱가포르의 독립된 지위를 국제적으로 인정받기를 희망했다.

그는 유럽의 작은 나라 스위스의 영세 중립국 모델을 따라 정치적 중립과 비동맹 정책을 선언했다. 동시에 고켕쉬에게 싱가포르 국군을 창설하도록 지시했다. 군대를 창설하는 데 필요한 준비 과정에서 다른 나라들로부터 조언과 함께 훈련 및 장비 지원도 아울러 받도록 일렀다. 그러나 그때 싱가포르는 다른 나라처럼 정치적 부패에서 자유롭지 못했다. 그래서 리콴유는 부패행위 조사국을 세우는 법을 통과시켰다. 부패행위 조사국은 부패 용의자 및 그의 가족들의 체포와 수색, 증인 소환, 계좌 및 소득세 환급 추적 등의 권한을 갖고 있다.

리콴유는 깨끗하고 정직한 정부를 유지하기 위해서 고위 공직자들의 소득이 높아야 한다고 생각했다. 이를 위해 리콴유는 장관, 판사 및 고위공직자의 연봉을 개인기업의 전문직 수준으로 높이는 안건을 제출하면서 그 이유를 설명하였다.

"이런 높은 소득이 공공 부문으로 유능한 인재를 끌어오
는 데에 큰 도움을 줄 것이라고 믿기 때문이다."

1960년 말이다. 이민자 수용정책으로 싱가포르의 인구가 늘어
나자 경제 성장에 방해가 될 것을 우려한 리콴유는 '둘만 낳자'는
강력한 가족계획 캠페인을 본격적으로 전개하기 시작했다. 두 명
의 아이를 둔 부부는 불임수술을 받으라고 권고하였다.

자녀가 이미 세 명 또는 네 명이 있는 가정에 대하여는 셋째나
넷째 아이에 대한 교육 혜택을 낮추었다. 이렇게 자식들이 많은
가정은 세금 공제나 세금 환급의 혜택도 그만큼 줄어들게 하였다.

그로부터 10여 년이 흘러갔다. 그런 영향으로 출산율은 점점
낮아졌다. 리콴유는 '둘만 낳자'는 정책을 바꿀 수밖에 없었다. 많
은 고학력 여성이 결혼하지 않는 것을 걱정해서 1983년에는 싱가
포르 남자들이 고학력 여성을 배우자로 맞도록 권고했다. 대졸 이
상의 여성을 비롯한 일부 사람들은 사생활 간섭이라며 그의 관점
을 불쾌히 여기면서 일대 논란을 촉발했다.

한쪽에서는 결혼을 알선하는 사회개발부가 설립되어 고학력의
남녀가 어울리는 것을 도와주었다. 이렇게 되자 리콴유는 성공적

이라고 여겼던 '둘만 낳자'는 가족계획 정책을 뒤집기 위해 고학력의 여성이 아이를 셋 이상 넷을 가질 경우 세금 환급, 교육, 주택에 인센티브를 주는 정책을 도입했다. 그런데도 1990년 말에는 출산율이 극심하게 떨어지는 반대 현상이 나타났다.

리콴유의 뒤를 이어 제2대 총리로 취임한 고촉통은 여러 자녀를 둔 여성에게 주는 인센티브를 모든 기혼 여성에게 확대하고, 베이비 보너스와 같은 별도의 인센티브를 추가로 마련하는 등 획기적인 조치를 단행했다.

06 시대를 역행한 태형

리콴유는 태형의 효과에 대해 굳은 신념을 가지고 있었다.

그는 자서전《싱가포르 이야기》에서 1930년대 래플스 학교를 다닐 때 단골 지각생이었는데, 지각이 계속되자 학생주임 D. W. 맥레오드 교사가 매를 들었다며 당시를 이렇게 회고했다.

"나는 의자에 엎드려 바지를 입은 채로 몽둥이로 세 대의 매를 맞았다. 그 매는 무척 아팠다. 나는 선생님이 살살 때릴 것으로 생각했다. 그러나 살살 때린 것 같지 않다는 생각이 들었다. 나는 서양 교육계에서 매질을 왜 그렇게 부정적으로 여기는지 이해할 수가 없다. 내 친구들이나 나에게는 체벌이 아무런 해를 끼치지 않았다."

리콴유 정부는 영국으로부터 사법적 태형의 체벌을 물려받았다. 하지만 그 적용 범위를 단순한 체벌의 범주보다 훨씬 더 넓혀 사회적인 문제를 일으켰다. 영국에서는 태형이 개인적 폭력이 수반되는 경우에 한하여 처벌할 수 있으며, 태형의 횟수도 1년에 몇 번 하도록 그 횟수까지도 제한하고 있다.

그러나 리콴유가 이끄는 인민행동당 정부는 영국과는 다르게 더 많은 종류의 범죄에 대해 태형을 선고할 수 있게 했다. 1993년에는 42개의 범죄에 대해 태형을 의무화했고, 42개 범죄에 대해서는 선택적으로 적용하도록 규정하였다.

법원에서 태형이 자주 선고되는 범죄의 대표적인 경우가 약물 중독이나 불법 이민 등이다. 1987년에는 602번의 태형이 선고되었다. 태형 선고는 해가 지나갈수록 점점 증가하여 1993년에는 3,244번으로 늘어났고, 2007년에는 6,404번이나 선고되었다.

드디어 1994년에 싱가포르에서 미국 청소년인 마이클 페이가 기물 파괴법 위반 혐의로 태형을 선고받자, 싱가포르의 사법적 태형은 전 세계의 이목을 끌게 되었다. 특히 싱가포르의 각종 학교에서 시행되는 태형은 남학생들에게만 적용되는 것이 원칙이다. 이것도 영국에서 물려받은 것이지만, 1957년에 학생 태형법을 만들어 학교 방침이나 교사에게 반항하는 학생들을 다스리기 위한

| 싱가포르의 태형 집행 방법

방법으로 적용하였다.

　리콴유는 싱가포르 국군에도 태형을 도입했다. 싱가포르는 군대의 규율을 엄격히 세우기 위해 신체형인 태형을 법으로 정해 시행하고 있다. 이로써 싱가포르는 지구촌 국가 가운데 군대에서도 신체형 태형을 법으로 허용해 시행하는 몇 안 되는 국가 중의 하나가 되었다.

　태형은 본래 죄를 저지른 사람에게 죄의 값으로 볼기를 매로 치는 형벌이다. 태형은 이른바 5형 가운데 가장 가벼운 것이다. 5형은 가벼운 태형에서부터 장형, 도형, 유형, 사형 등으로 무거워진다. 그러나 지금은 태형 제도를 인정하지 않는 것이 세계적인 추세이다.

04

도전의 명장

01 미래를 향하여

리콴유는 싱가포르와 말레이시아 사이에 더 나은 미래를 향해 함께 나아가기를 희망하였다. 이는 두 나라 사이는 지리적으로 불가분의 위치에 있기 때문이다. 그래서 마하티르 빈 모하마드와의 더 나은 관계를 맺기 위해 여러 방면으로 노력했다.

리콴유는 마하티르가 차기 말레이시아 총리가 될 것이라는 확신 아래 1978년에 마하티르를 싱가포르로 초청했다. 마하티르의 싱가포르 방문을 통해 리콴유와 마하티르 사이의 개인적 우호와 함께 외교적 관계가 개선되었다. 이때 마하티르는 리콴유에게 민주행동당이 화교 지도자와의 친교를 중단할 것을 요청했다. 그 대신에 자기도 싱가포르에 거주하고 있는 말레이시아 사람들에 관한 문제를 간섭하지 않겠다고 밝혔다.

그 뒤 1988년 6월, 리콴유는 말레이시아의 수도 쿠알라룸푸르를 방문하여 마하티르와 다시 만나 조호르 강에 링구이 댐을 만드는 협정을 맺었다. 조호르 강은 말레이시아 남쪽에서 싱가포르 해협을 향해 흐르는 강이다. 강의 길이는 짧은 편이나 흐르는 물의 양이 많아서 댐을 만들면 그 물을 매우 유용하게 쓸 수 있다는 계산에서 댐을 만들어 산업 개발을 이룩하자는 협정을 맺은 것이다.

리콴유는 젊은 시절부터 승리를 향한 도전을 줄기차게 진행했다. 그런 일화는 총리를 향한 도전에서 잘 나타나 있다. 사바 주州의 수상이었던 툰 푸아드 스테픈스는 리콴유와의 공공연한 비밀을 갖고 있었다. 그것은 국가원수 자리를 차지하려는 것이었다.

리콴유는 어느 날 푸아드에게 직선적인 말을 거침없이 하였다.

"먼저 내가 툰쿠 압둘 라만의 뒤를 이어 총리가 되고, 당신은 부총리가 되는 것이다. 그렇게 하여 기반을 다지고 당신이 나의 뒤를 이어 총리가 되어야 한다."

난데없는 이 말에 푸아드는 깜짝 놀랐다. 더구나 리콴유는 말레이시아 사회와는 상반되는 중국인 후손인데도, 총리가 되겠다는 꿈을 꾸고 있다는 사실에 무척 긴장했다.

"당신은 중국계 후손이 아닌가?"

"그게 무슨 상관인가?"

"말레이시아 사회와는 아주 상반되는 중국인이 총리가 되겠다는 발상 때문에 그렇다!"

푸아드의 반론은 리콴유가 민족주의 개념에 맞지 않다는 것이다. 그는 리콴유가 말레이시아의 주요 민족 출신이 아니라는 것을 강조하는 동시에, 푸아드 자신은 말레이시아의 주요 민족 출신이라는 것을 은근히 내비친 것이다. 하지만 이는 그저 마음속의 상상에 불과했다. 1965년 8월 9일 싱가포르가 말레이 연방을 탈퇴하면서 물 건너갔다는 일화의 한 토막이다.

분명한 사실은 푸아드가 말레이시아에 강력히 반대하던 세도몬 군사나드의 영향을 받았다는 점이다. 또한, 푸아드를 설득시켜 리콴유를 이긴 것은 툰쿠였음에도 불구하고, 푸아드의 조건부 항복은 군사나드의 패배를 이끌었다. 푸아드는 싱가포르가 말레이시아에서 밀려나 탈퇴한 이후 사바가 말레이시아에 남아 있는 것에 대해 논평하기를 속마음으로 원하고 있었다.

그 이유는 자신들이 싱가포르의 권유 때문에 말레이 연방에 가입했는데, 싱가포르가 떨어져 나감으로써 더 이상 말레이 연방에 머물러 함께 간다는 것 자체가 의미가 없고, 또 그럴 필요도 없어졌다는 것이다.

말레이시아 동쪽 바다 보르네오 섬 사라와크 주州의 사바와 사라와크가 다민족의 말레이시아와 중국인 중심인 싱가포르의 합병을 용이하게 하도록 중재하고 나섬으로써 주목을 받았다.

말레이시아 반도에서 섬나라 싱가포르로 연결한 해상 다리 코즈웨이를 건너 싱가포르로 들어간 중국인들의 수가 배를 타고 사라와크 주州로 들어간 중국계 사람들보다 훨씬 더 많다는 데서 그런 것이 사실로 다가왔다. 더구나 사바의 독립은 화두가 되고 있다. 일부 사바 사람들은 사바가 싱가포르처럼 독립 국가라고 주장하며 말레이시아의 지배를 인정하지 않았다.

그런 와중에서 푸아드가 1976년 비행기 사고로 사망했다.

그때 말레이 연방정부의 지원을 받고 있었다는 의혹이 있었다. 그래서 그의 사망은 비행기 사고에 따른 것이 아니라 분명히 암살이라는 의혹이 제기된 것이다.

사바에는 말레이시아를 떠난 사람들이 독립 단체를 결성하고 독립운동에 박차를 가하고 있어 멀지 않아 사바도 싱가포르처럼 자주독립 국가가 될 것이라는 이야기가 공개적으로 나돌았다.

그러나 과연 독립할 것인지는 여전히 의문이다.

홍콩의 유명 영화사 쇼박스 회장 룬머 쇼를 초대 싱가포르 관광청 장관으로 초빙하는 등 외국 국적의 인재들을 과감하게 기용

| 사자상이 있는 머라이언 공원

하는 정책을 펼쳤다. 사자 머리에 물고기 꼬리를 한 싱가포르 상
징물 머라이언Merlion은 그의 대표적인 작품이다.

이처럼 투명한 정부, 글로벌 금융 시스템 도입, 영어 공용화, 해
외 인재의 과감한 기용은 싱가포르가 2000년대 글로벌 금융 허브
로 거듭나는 기반이 되었다.

이는 모두 리콴유의 기발한 아이디어와 미래를 내다보는 비전
의 발상이었다는 것이 싱가포르 국민들의 생각이다.

한 조각의 돛단배

리콴유의 꿈은 살기 좋은 섬, 부자 나라 만드는 것이다. 탁월한 리더십으로 그 꿈의 길을 걸으면서 지상낙원으로 만들어 주고 세상을 떠난 리콴유였다. 그는 어떻게 하는 것이 잘 사는 나라를 만드는 길인지 확실하게 알고 있기에 강력한 통치력으로 이를 수행하였고, 보여준 정치 지도자였다.

싱가포르가 1965년 말레이 연방에서 독립할 때, 솔직하게 말해서 버림을 받았던 것이다. 그때 싱가포르 섬은 바다 위에 버려진 한 조각 돛단배와 같았다. 그가 싱가포르의 초대 총리에 취임했을 때만 해도 나라 꼴은 말이 아니었다. 1인당 국내총생산GDP 400달러에 부존자원은커녕 먹을 물조차 부족해서 말레이시아에서 사와야 할 정도였다.

말할 수 없을 정도로 가난에 찌들고 부정부패가 섬마을을 통째로 뒤흔들어 진동하는 곳, 참으로 구제 불능한 곳으로 여겼다.

그랬던 싱가포르, 바다 위에 떠 있는 돛단배의 선장이 된 리콴유는 살기 좋은 섬, 부자 나라 만드는 꿈을 실현하기 위하여 빗자루를 들고 거리 청소부터 하고, 사회 정화를 위해 태형을 칠 곤봉을 항상 들고 다니면서 지상낙원을 만드는데 열정을 쏟아부었다.

그렇게 20여 년이 흐른 다음 1인당 GDP를 1만 2,750달러로 끌어올리면서 작지만 강한 섬나라, 부자 나라로 환골탈태시켰다. 2014년 1인당 GDP는 5만 6,113달러로 아시아에서는 국민소득이 가장 높은 나라로 만들었다. 전 세계가 리콴유의 특출한 리더십에 놀라면서 관심을 보였다. 리콴유 리더십의 핵심은 국민의 살림살이를 풍요롭게 만드는 것이었다. 그것이 유일한 꿈이자 최상의 목표였다. 그는 외쳤다.

"진정 국민들이 바라는 것이 무엇인가? 국민이 원하는 것은 빵과 주택, 일자리와 학교, 그리고 의료 혜택이다!"

그는 이 말을 입에 달고 다니면서 살았다. 그의 말은 캐치프레이즈가 되고 처절한 구호로서 메아리쳤다. 그가 싱가포르를 통치하는 동안 이 구호에서 벗어나는 일이 없었다. 통치 기간 내내 재정 안정화, 서민주택 보급, 해외 투자자금 유치 등을 노래 부르듯이 하면서 역점을 두고 추진하고 실행하면서 씨앗을 뿌리고 열매를 거두었다. 그로서는 이보다 더 시급한 일이 없었고, 이보다 더 당연한 선택도 없었다.

그 결과 싱가포르는 버려진 돛단배가 아니라 바다 위의 새로운 낙원으로 다시 태어났고, 동서양 항공의 요충지이자 해상 물류의 중심지로, 바다 위에 떠 있는 거대한 항공모함으로, 세계적인 금융 허브로 굳건한 지위를 확보할 수 있었다. 그렇게 되기까지는 한 사람의 강력한 리더십만 있었던 것은 아니다. 국민 모두의 합의와 협력, 리더와 순종의 아름다움이 뒤따랐다.

물론 싱가포르 모든 국민이 리콴유의 강력한 리더십에 완벽하게 동의한 것은 아니었다. 경제적 풍요와 번영에도 불구하고 싱가포르 사람들은 리콴유를 '아시아의 히틀러'로 부를 정도였다. 동남아시아의 작은 히틀러라는 비판에 그는 단호하게 아니라고 잘라 말했다.

"그렇지 않다! 내가 왜 그런 말들에 일일이 반응을 해야 하나? 자신의 주장을 관철시키기 위해서는 절대 상대방을 비난해서는 안 된다. 그건 변호사 시절에 처음으로 깨달은

진리다. 고래고래 고함만 질러대서는 논쟁에서 절대 승리할
수 없다."

그만큼 그의 권위주의적 리더십은 혹독했고 또 대단했다. 다
만, 자본주의에 대한 평가는 극과 극을 이룬다. 싱가포르의 국내
총생산은 고공 행진을 계속하는 데 반해 국민행복지수는 한때나
마 150개국 중 149위로 추락하기까지 했다.

그래서 '동남아시아의 작은 히틀러'라는 비판이 더욱 회자되고
있었다.

03 극과 극의 톱니바퀴

미국 〈뉴욕 타임스〉는 리콴유를 한국의 박정희와 함께 20세기 아시아의 20대 인물로 선정해, 두 사람을 개발의 쌍두마차로 떠올렸다.

리콴유와 한국의 박정희 두 사람은 강력한 리더십을 앞세워 가난한 나라에서 경제 근대화를 이끈 공로자로 인정을 받은 것이다.

한때는 아시아의 '네 마리 용'으로 함께 주목받았던 한국과 싱가포르 사이에 지금은 국가 경쟁력에서 큰 격차가 벌어지고 있다.

철학자 플라톤이 꿈꿔 온 현인 정치와 민주주의적 정체 사이의 갈등과 고민을 두 나라가 보여주는 좋은 선례를 남겼다고 역사는 기록하고 있다. 리콴유 리더십의 생명력은 극과 극의 톱니바퀴를 줄기차게 돌렸다는 데 있다. 그 두 바퀴의 축은 잘 사는 나라로 만들어야 한다는 확실한 소신과, 우리는 할 수 있다는 투철한 신념의 두 바퀴였다. 아무리 훌륭한 리더라 해도 혼자 존재할 수 없다. 아무도 따르는 사람이 없다면 리더가 될 수 없기 때문이다. 나라를 이끌어가는 지도자라면 더욱 그렇다. 따라서 리더는 항상 따라오는 사람들을 이끌고 나아가는 존재임을 스스로 깨닫고 그 길을 정당하게 걸어가야만 한다. 19세기 프랑스의 영웅 나폴레옹은 이런 말을 했다.

"지도자는 희망의 상인이다."

이 말은 근대 리더십에 관한 수많은 말 가운데 가장 멋진 말로 기록되고 있다. 지도자는 따르는 사람들에게 반드시 희망을 안겨줄 때 그 빛이 찬란하다는 뜻이다. 리콴유가 바로 그런 지도자 중한 사람이다. 리콴유는 희망이라는 말보다는 변화라는 키워드로 살아남는 생존법을 싱가포르 사람들에게 심어준 지도자로 유명하다. 그는 작은 섬 싱가포르에 위기가 닥칠 때마다 앞장서서 국민을 설득하고 호소하였다.

"변하지 않으면 생존조차 불가능하다!"

리콴유는 몇 가지 기발한 리더십을 지닌 지도자였다. 그의 리더십 가운데 대표적인 것은 변화의 리더십, 결단의 리더십, 원칙의 리더십, 능력의 리더십으로 요약된다. 싱가포르 국민은 지금도 리콴유 전 총리를 '변화의 리더십'을 갖춘 국부라 부른다.

리콴유는 1959년 싱가포르 정부가 출범한 이후 이렇게 외쳤다.

"우리는 사활을 걸고 '깨끗한 정부, 부패 없는 정부'를 추
진하겠다! 그것은 우리 모두가 가난에서 벗어나서 함께 잘
사는 나라로 만들기 위한 첫 단계이다."

그는 지금도 싱가포르의 상징이며 청소년들의 우상이다. 그에
게는 '결단의 리더십'이 대명사처럼 따라다녔다. 그 결단의 리더
십은 바로 부정부패와의 전쟁이라는 단어 속에 함축되어 있다.

아시아 국가 중에 유일하게 청렴지수 세계 5위의 반열에 올라선
것도 결단의 리더십과 부정부패와의 전쟁 결과였다. 그에게는 '원
칙의 리더십'이 항상 따라다녔다. 원칙의 리더십은 바로 철저한 확
인 주의를 가져왔고, 확인 주의는 그의 트레이드마크처럼 되었다.
총리 재임 31년 동안 전용기를 이용한 적이 거의 없을 정도였다.
섬나라 싱가포르를 순시할 때는 비행기보다 자동차로 다녀야 구
석구석을 더 확인할 수 있다는 것이 그의 통치 철학이었다.

그는 대중과 떨어지는 것을 싫어했다. 소통이 안 된다는 이유
에서다. 지금도 싱가포르 공연장에는 고위 관료들을 위한 특별석

이 있지만 철저히 낮은 관료들에게 개방된다. 가족도 일반석으로 가야 한다는 것이 원칙이고 그의 리더십이었다.

'능력의 리더십'은 인재 등용에서 어김없이 드러났다. 인재를 등용함에 있어서는 더욱 파격이고도 공정했다. 능력의 리더십은 업적 위주의 리더십으로 이어졌다.

이 같은 소신으로 인해 싱가포르 정부의 중앙부처 국장 자리에도 20~30대가 즐비하다. 그뿐만 아니라 연공서열이나 명령 체계가 생명인 군부대의 참모총장급의 지도자 중에도 40대 전후의 지휘관이 수두룩하다. 이런 흐름에 따라 지금도 군대의 지휘관이나 공무원도 능력이 없으면 진급할 수 없다는 원칙이 철저히 지켜지고 있다. 능력의 리더십은 바로 국가 경쟁력 1위의 바탕이 되었다.

리콴유의 이 같은 리더십들이 가난한 섬나라 싱가포르의 사회적 안정을 불러들이는 바탕이 되었고 경제적 번영의 기틀을 다지는 원동력이 되면서, 1인당 국민소득 5만 4,000달러에 달하는 부자 섬나라로 만들었다. 그 결과는 부자의 섬나라에만 머물지 않고 아시아의 대표적인 부국으로 이끌어 올리는 바탕이 되었다.

리콴유를 두고 이런 말을 한다.

"시대가 인물을 만드는 것이 아니라 인물이 시대를 만든다!"

04 '바다 마을'의 역사

"싱가포르의 역사는 언제부터 시작되었을까?"

기록으로 나타난 역사는 3세기의 중국 문헌이다. 7세기 이후 스리비자야 왕국에 속하며 자바어로 '바다 마을'이라는 뜻의 어촌 '테마섹'이라 불렸다. 복수의 항로가 합류하는 말레이시아 반도의 끝자락에 위치한 지리적 조건이 더해져 다양한 나라의 선박이 오고 가고 들어오는 등 테마섹은 중요한 무역도시로 떠올랐다.

그 뒤 14세기 때에는 쇠락의 길을 걸었다. 16세기와 19세기 사이에 싱가포르는 조호르 술탄국의 일부였다. 1617년 말레이시아-포르투갈 전쟁 중에 포르투갈 군대가 싱가포르를 몽땅 불 질러 버렸다. 그로부터 포르투갈의 지배를 받았으며 17세기에는 네덜란드의 영향권으로 들어갔다. 하지만 이때는 어민들을 괴롭히는 해적들이 가끔씩 나타날 뿐 무척 한가한 지역이었다.

1819년 영국 동인도회사의 토머스 스탬퍼드 래플스 경이 이 지역에 상륙하여 조호르의 술탄과 계약을 맺고, 싱가포르를 국제무역항으로 개발하기 시작했다. 이것이 싱가포르를 개발하는 역사의 시초가 되었다. 그때 개발한 싱가포르 항구는 오늘날 세계에서 가장 붐비는 항구 중 하나로 성장했다.

영국은 자기들의 식민지인 인도 정부로 하여금 1858년부터 이 지역을 관할하도록 하다가 1867년부터는 대영제국의 직할 식민지로 편입시켰다. 제2차 세계대전 중에는 일본 군대가 말레이시아를 침공하는 교두보로 삼기 위해 싱가포르를 공격했다. 그래서 영국과 치열한 전투가 벌어졌다. 6일간 치열한 전쟁을 계속한 끝에 1942년 2월 15일 영국이 물러갔다.

싱가포르를 점령한 일본은 싱가포르라는 명칭을 없애고 '소난'으로 이름을 바꾸어 버렸다. 그러나 연합군이 제2차 세계대전을 승리로 이끌면서 싱가포르는 다시 영국의 지배를 받았다.

1959년에 리콴유와 유소프 빈 이샥 사이에 자치주 조약을 맺고 사실상 자치 시대를 열었으나 그 뒤 1963년에는 말레이시아에 합병되었다. 그러나 인구의 대부분이 중국계인 싱가포르와 인구의 대부분이 말레이 사람들인 말레이시아와의 마찰이 더욱 심해지면서 2년 만에 각각의 길을 걷게 되었다.

그리하여 1965년 8월 9일 독립국가로서 새로운 나라를 세웠다.

새 나라 싱가포르 공화국은 리콴유가 초대 총리로 취임하면서 집권하였다. 새로운 출발을 시작한 싱가포르는 대통령은 국가의 상징으로 있고, 국무총리가 통치하는 의원내각제 공화국이다. 이런 통치 제도는 국왕과 총리제를 채택한 영국의 통치 제도와 비슷하다.

싱가포르는 성문헌법을 가진 영국식 의회 정부의 공화국 형태로, 행정권은 내각이 책임지는 내각제 나라이다. 대통령은 상징적인 존재로서 일부 거부권만을 행사할 뿐 실질적으로 총리가 내각을 운영한다. 1991년 개정된 의회 의원 선거법에서 복수 정당을 기반으로 하는 민주적 투표로 의회가 구성되도록 바꾸었다.

새로운 국가로 출범한 싱가포르는 당면한 실업과 자급자족의 문제가 매우 심각했다. 여기서 강력한 통치 리더십이 필요했다. 이런 시대적 요구에 부응한 통치자가 바로 리콴유였다.

그는 1959년부터 1990년까지 무려 31년 동안 장기 집권을 하면서 강력한 통제력으로 놀라운 경제 성장을 이루어 냈다. 그 결과 홍콩에 버금가는 경제력을 가지는 부강한 싱가포르로 만들었다.

특히 정부가 주도권을 움켜쥔 경제 사회정책의 집행은 공산주의보다 더 가혹하다는 평가까지 받을 정도였다. 그런 강력한 독재적 리더십을 발휘하지 않고 국민과 적당히 타협하였다면 싱가포르의 오늘은 없었을 것이라는 지적이다.

리콴유는 1990년에 고촉통Goh Chok Tong에게 총리직을 승계하고 물러났다. 그러나 뒤에서 총리 고문격으로 통치를 자문하였다. 2004년에는 큰아들 리셴룽Lee Hsien Loong이 고촉통 총리의 뒤를 이은 제3대 총리로 집권하기 시작해 오늘에 이르고 있다.

05 바둑돌 같은 섬들

　싱가포르는 63개의 섬으로 이루어져 있는 해상 국가이다. 이들 섬들은 마치 바둑판의 돌 같다. 화강암 구릉지의 섬 싱가포르는 하천과 골짜기가 많고 산이 없는 나라이다. 가장 높은 산인 부키 티마 힐 봉우리도 해발 177m로 낮다. 하천으로 갈라진 섬과 섬 사이를 다리로 잇거나 하천과 바다를 돌과 흙으로 메워 본 섬과 하나로 만들어 영토를 넓히는 작업을 계속하고 있다.

　서부, 북부, 북동부, 동부, 중부의 5개 지역으로 나누어 퀸즈 타운, 센트럴 에리어 등 66개 도시계획 구역으로 구분하여 통치한다. 싱가포르는 말레이시아와는 코즈웨이 다리로 연결되어 있다. 북쪽의 말레이 반도 남단 조호르까지 1km의 긴 제방을 쌓고 코즈웨이를 개설하여 철도와 고속도로를 만들고 말레이시아와 싱가포르 사이를 육로로 자유롭게 왕래한다.

서쪽은 투아스 제2 연결점에 닿아 있다. 주룽 섬, 풀라 테콩, 풀라 우빈, 센토사가 주요 섬이다. 본 섬의 중심을 동서로 가로질러 흐르는 싱가포르 강의 남쪽이 원래 도시의 바탕이었다. 현재는 다운타운 코어라고 부른다. 옛날에는 농장과 열대우림이었으나, 현재는 새로운 도시의 확장과 함께 거주와 쇼핑, 그리고 산업 단지로 바뀌면서 황금지역이 되었다.

싱가포르는 계속적인 개간 사업을 진행하여 1960년대에는 581.5㎢의 면적이던 것을 늘려 현재는 697.2㎢로 확장하였다. 섬과 섬 사이를 메우는 간척 사업으로 국토 면적을 늘려나간 것이다. 이 과정에서 많은 작은 섬이 본 섬과 연결되었는데, 주룽 섬이 그 대표적인 경우이다. 그 결과로 현재 싱가포르는 서울605.25㎢보다 약간 큰 면적이다. 2030년까지 100㎢를 더 확장한다는 것이 싱가포르 정부의 목표이다.

싱가포르는 비가 많이 내리고 여름이 계속되는 상하常夏의 나라이다. 연중 고르게 아침 최저 기온이 23℃에서 한낮의 최고 기온은 32℃의 열대우림 기후를 보인다. 연평균 강수량은 2343.1mm 정도인데, 11월에서 이듬해 1월 사이에 비가 많이 내린다.

싱가포르의 법은 영국과 인도의 법, 그리고 미국법 등에 기반을 두고 만들었다. 그러나 집권당인 인민행동당은 다민족, 다종교 사회인 싱가포르의 국익을 이유로 서양의 자유민주주의 가치를 그대로 따르는 것에 반대하고 있다. 그 때문에 이와 관련된 표현의 자유 등 상당 부분을 제한하고 있으며, 수많은 무거운 벌금 체계가 존재하는 것이다. 그런 여파로 현재까지 태형이 존재하고 사형률도 높은 나라 중 하나로 남아 있다.

특히 싱가포르는 북쪽 말레이시아의 침공 가능성을 항상 우려하여 국방에서는 신경을 많이 쓰는 나라였다. 그런 우려는 징병제 시행에서 그대로 드러난 것이다. 징병제는 2년 동안 군대에 복무하며, 그 이후 40세까지 예비군으로 복무하도록 하고 있다.

싱가포르 공군의 경우 자국 영토의 협소함과 유사시 전력이 한꺼번에 망실되는 것을 방지하는 목적을 최우선으로 삼았다. 이와 함께 다국적 훈련 교류 차원에서 해외 우방국들과 교류 협정을 맺고 있다.

그래서 싱가포르 공군은 일부 항공기 전력들을 주둔시키고 있다. 싱가포르 공군은 새 기종을 도입할 때마다 그 시대의 최신 기종을 도입하여 질적으로 최고를 추구하고 전략적으로도 위기 사항이 닥치면 수동적인 방어 태세에서 즉각 능동적인 선제공격 작전을 구사하는 전략이다. 그런 관계로 싱가포르 공군은 최정예 능동적인 엘리트 공군을 추구하고 있다는 점이 특색이다.

싱가포르는 일본과 2002년 초에 전면적인 경제 협력 협정인 싱가포르-일본 신시대 경제 동반자 협정을 체결했다. 이로써 싱가포르는 일본에 있어서 최초의 자유무역 협정 대상국이 되었다.

관세 및 비관세 장벽을 제거하는 자유무역 협정을 포괄하고 금융, 정보 통신 기술, 인재 양성 등의 분야를 포함하고 있다. 또한, 싱가포르는 인도네시아와 1973년 협정을 맺고 2005년까지 바탐 섬 북부 지역에 관한 분쟁을 완결하는 노력을 기울여 왔다.

우리나라와는 1970년 12월 싱가포르에 통상 경제 대표부를 개설하는 협정을 맺었다. 이 대표부는 1971년 7월 총영사관으로 승격되었다가 1975년 8월 대사관으로 승격되어 오늘에 이르고 있다. 또한, 우리나라와 싱가포르는 1972년 항공 협정을 체결했고, 1979년 11월에는 이중과세 방지 협정도 맺었다. 특히 건설업계의 교류가 활발한데 싱가포르의 창이 국제공항을 비롯한 많은 주요 건물을 한국 건설업체가 만들었다. 대한민국과 싱가포르 양국은 서로 10위권 내의 교역 상대국으로 우의를 돈독하게 지켜가고 있다. 주로 전자전기제품, 기계류가 수출입 품목이 많다. 특히 1998년 외환위기를 겪고 난 뒤에 한국에의 투자가 많이 이루어졌다. 2000년 정점을 이루다가 줄어들기는 했으나 현재는 다시 늘

| 창이 국제공항

어나는 추세이다. 대한민국이 싱가포르로 수출하는 금액은 152억 4,420만 미국 달러이고, 싱가포르가 대한민국으로 수출하는 물량은 78억 4,953만 미국 달러에 이른다. 싱가포르는 자체 달러를 쓰고 있기 때문에 대외적인 환율은 미국 달러로 표시한다.

특히 싱가포르 투자청은 1999년 잠실 시그마타워, 2000년에는 프라임타워와 서울 광화문의 파이낸스타워, 무교빌딩, 코오롱빌딩 등의 대형 부동산을 매입했고 2005년에는 서울 역삼동의 45층짜리 스타타워 빌딩을 매입하였다. 이처럼 싱가포르가 한국의 부동산에 상당 부분 투자를 하고 있으며, 한국의 우수한 축구 선수들이 싱가포르 축구 리그에 진출해 있다.

06 강소 부국 건설

    싱가포르는 역사적으로 수출입 무역에 의존하여 발달하여 왔다. 제조업도 발전한 편인데, 2005년 기준으로 국민총생산의 28%가 제조업으로부터 나왔다. 주요 생산품은 전자, 석유화학, 기계공학과 의약품 제조 등이다. 싱가포르는 런던, 뉴욕, 도쿄에 이어 세계에서 4번째로 큰 외환시장을 가지고 있는 나라이다. 사업가들에게 가장 친화적인 정책과 환경으로 평가받고 있다. 대한민국·홍콩·중화민국과 함께 싱가포르는 아시아의 4마리 용이라고 불리는 나라이다.

    싱가포르는 관광산업으로도 유명하다. 2013년에는 1,500만 명의 관광객이 싱가포르를 방문하는 특수 관광국이기도 하다. 싱가포르 정부는 2005년에는 관광산업을 진흥하기 위해 도박을 합법

화시켰다. 마리나 사우스와 센토사 섬에 새로운 테마파크를 세우는 계획을 세우고 추진했다. 또한, 싱가포르 음식 축제, 칭게이 축제 등의 관광 이벤트도 추진하여 외국 관광객을 불러들였다.

현재까지 나타난 상황으로 볼 때 싱가포르 정부는 상당히 효율적이고 청렴도가 높은 나라로 알려져 있다. 1960년대부터 시작한 주택 개발 위원회에 의한 플랫Flat이라고 불린 대규모 정부 공급 아파트 정책이나 경쟁력이 우수한 교육 시스템을 실시하여 세계적으로 관심을 끌었다.

미디어, 사회 간접 시설, 교통 등 대부분의 지역 경제는 정부 소유의 회사가 주도하고 있다. 싱가포르는 아시아의 국제 교통 허브로, 여러 나라의 많은 항공기가 공항에 오르내리고, 각국의 해운 선박들이 싱가포르 항구로 드나든다.

싱가포르에서는 모든 차량이 말레이시아와 마찬가지로 좌측 통행을 한다. 홍콩처럼 땅이 좁아서 자동차가 늘어나는 것을 막기 위해 자동차 소유자에게 매우 높은 세금을 매기고 있는 나라이다. 그런 탓에 자동차 구입 비용 또한 세계에서 가장 높다. 인구는 540만 명 정도이지만 자동차는 불과 65만 대가 등록되어 있다.

말레이 반도를 제외한 모든 외국과는 항공기로 연결되어 있는 특수한 나라이다. 리콴유는 이런 말을 남겼다.

"나는 평생 네 개의 애국가를 불러야 했다!"

영국 · 일본 · 말레이시아 그리고 싱가포르 애국가를 가리킨 말
이다. 영국 식민지로 있다가 일제의 침략을 받았고 말레이 연방에
들었다가 쫓겨났다. 그런 뒤에 1965년에야 비로소 독립국가로 거
듭난 싱가포르에서 20세기 격동의 역사를 모두 체험했다는 것이
다. 이루 말할 수 없이 가난했던 섬나라 도시국가를 반세기 만에
아시아 최고의 부자 나라로 만든 리콴유는 기적의 신화를 이끌어
낸 국가 최고경영자였다.

리콴유는 한국의 박정희, 중국의 덩샤오핑처럼 권위주의적인
정치 체제를 유지하면서도 효율성을 극대화한 경제 개발로 고속
성장을 이룬 아시아 지도자들 중 마지막까지 생존했던 인물이다.

그가 세상을 떠난 지금 그의 성공 신화가 새롭게 조명을 받고
있다.

강대국들의 틈바구니 속에서 빈손으로 시작해 글로벌 금융 ·
물류 · 관광 · 첨단산업의 허브를 창조해 낸 그의 전략과 리더십
이 다시 관심을 끌고 있는 것이다.

리콴유는 작은 나라의 번영은 무엇보다 지정학적 위협에 얼마
나 슬기롭게 대응하느냐에 달려 있다고 보았다.

"역사적으로 도시국가의 생존 기록은 그다지 좋지 않다. 작은 나라가 강대국에 흡수되거나 정복되지 않고 살아남으려면 무엇보다 세력 균형이 중요하다."

그의 생각은 옳고 정확했다.

"우리는 세계에 유용한 존재가 되었기 때문에 번영했다."

개방적인 자세와 실용적인 사고를 갖고 세계가 필요로 하는 것을 가장 잘 공급하는 것이 성공적인 국가 경영 전략의 요체라는 말이다.

05

전설의 영웅

01 남과 달라야 한다

"평범해서는 절대 안 된다. 다른 나라와는 반드시 달라야 발전한다!"

싱가포르의 전설적 영웅 리콴유의 통치 철학이었다. 그는 75세 때인 2000년《싱가포르 스토리The Singapore Story》를 썼다. 이 책은 바로 그의 자서전이자 싱가포르를 세운 건국신화의 실화이다. 그런 까닭은 리콴유가 싱가포르이고 싱가포르가 리콴유이기 때문이다.

"우리 싱가포르······ 과연 어떤 나라가 되어야 하는가?"

리콴유가 던진 질문이다. 여기에서 싱가포르는 다음과 같은 나라가 되지 않으면 안 된다는 강한 메시지를 전달하고 있다.

"평범해서는 절대 안 되는 나라, 다른 나라와는 꼭 달라야
하는 나라가 되어야 한다."

이는 리콴유의 목표였다. 그는 이를 지상명령으로 여기고 그
목표를 이루기 위해 거침없이 뚜벅뚜벅 걸어갔다. 그는 싱가포르
대학교에서 법학을 전공한 뒤 영국으로 유학을 떠났다. 런던 케임
브리지 대학교 법대를 다녔다. 그는 《싱가포르 스토리》에서 이렇
게 밝혔다.

"아내는 나에게 있어서 힘과 안식의 원천이었다고 생각한
다. 아내는 사람을 판단하는 날카로운 눈을 지니고 있었다."

그는 생각하고 분석하여 이성에 의해 결정을 내리는 반면, 그의
아내는 느낌과 감각에 보다 많이 의존했다는 것이다. 아내는 사람
들의 미소와 친절한 말 뒤에 숨은 진실한 감정과 처지를 감지하는
불가사의한 재주를 갖고 있었다고 말했다. 그러한 이유를 설명할
수는 없지만, 아내가 어떤 사람을 신뢰할 수 없을 것 같다고 판단
했을 때는 신통함이 있었다고 털어놓았다. 일을 지나놓고 보면 거
의 항상 그녀의 의견이 옳았다는 것을 알게 되었다고 밝혔다.

"아내는 아마도 표정이나 웃는 방식, 눈빛, 또는 몸짓에서

그러한 것을 읽어 내는 것 같았다. 그녀의 능력이 어떤 것이 됐던지, 점차 나는 아내가 사람들에게 내리는 평가를 신중하게 고려하게 됐다."

리콴유는 아버지로부터 매우 엄격하고도 빈틈없는 훈련을 받으며 성정했다. 그런 탓에 자녀에게는 엄격하였고, 아내에게는 지극한 사랑을 쏟았던 순애보의 남자였다. 리콴유와 아내는 싱가포르 대학교 동창이다.

"아내는 나와 대학 동창이고 같은 변호사였기 때문에 필요한 경우 자립해서 아이들을 혼자 키울 수 있었다. 그러므로 나는 자식들의 장래에 대해 별로 걱정을 하지 않아도 되었다. 그건 나에게 정말 행운이었다."

참으로 진솔한 고백이다. 그의 아내는 아이들을 예의 바르고 절도 있게 키웠다. 아내의 교육열에 힘입어 아이들은 총리의 자녀라고 함부로 구는 법이 절대 없었다고 전했다. 아내는 고객과 점심 식사를 같이 하는 법이 없었다. 항상 집으로 돌아와 아이들과 함께 식사를 하고 같이 시간을 보냈다는 것이다. 그건 너무나 이지적이고도 차가운 사람이라는 이미지를 풍겨주는 것이 아닐까?

| 리콴유 가족사진

아이들이 성질을 부리거나 말을 듣지 않을 때 매를 드는 것이 보통 부모들이다. 그의 아내도 마찬가지였다. 그러나 리콴유는 아이들에게 손을 댄 적이 없었다고 밝혔다. 그 대신 무척 엄격하게 꾸짖는 것으로 충분했다고 고백했다.

세상에 그럴 수가 있을까? 엄하게 꾸짖기 전에 욕하고 매질하는 것이 보통 부모들인데 말이다.

"나의 아버지는 나에게 엄격했다. 그래서 나는 아이들에게는 엄격할 수가 없었다. 아버지가 엄격했기 때문에 폭력을 사용하는 것에 대한 저항감이 있었기 때문이라고 생각했다. 그래서 아이들에게는 매를 들지 않았다."

그런 리콴유가 잘못을 저지르는 국민에게는 태형으로 다스렸다. 그런 사람이 자기 아이들에게는 매를 들지 않았다고 한다. 이는 앞뒤가 맞지 않는 모순이다.

여기에는 나라를 바로 세우기 위해서라는 변명이 붙어 있다. 리콴유는 자신의 후계자 선발 과정에서도 매우 엄격한 잣대를 들이대고, 인재들을 발탁하는 과정에서도 무척 날카롭고 철저했다.

"나는 통치하면서 나라를 다스리는 법을 단시일에 배웠다. 우리에게 성공의 비결이 하나 있다면 그것은 우리가 끊임없이 일을 성사시키고 보다 더 원활하게 과업을 추진하는 법을 배웠다는 점이다."

그는 사사로움에 사로잡힌 적이 결코 없다. 스스로를 엄하게 다스리면서 정도를 걸어 나왔다. 그런 이면에는 냉철한 이치와 차가운 현실이 있었다. 그는 고백했다.

"나는 전문가, 특히 사회과학이나 정치학의 전문가라는 사람들이 내리는 비판이나 조언은 되도록 무시하는 것이 좋다는 것을 배웠다. 그들은 빈곤을 줄이고 복지를 확대하기 위해서는 어떻게 사회를 발전시키는 것이 좋은가라는 문제에 대해서 각자 자신이 선호하는 이론만을 지니고 있기 때문이다."

리콴유는 현실을 무시하거나 현실과 너무 동떨어진 이야기는 공상에 불과하다고 여겼다. 지금 당장 목이 마른 사람에게는 마실 물을 주어야 하고, 배고픈 사람에게는 먹을 빵을 주어야 한다는 매우 현실론적인 사람이었다.

"나는 언제나 잘못을 저지르지 않도록 주의했을 뿐, 정치적으로 올바르게 보이려고 한 것은 아니었다."

리콴유는 싱가포르에 와 있는 서방 세계 언론의 특파원들에게 강한 불만을 자주 터뜨렸다. 그런 이유는 서구 특파원들은 하나같이 유권자와 정부에 영향을 미치려고 했다.

그리고 언제나 자신들의 이론을 설교하면서 리콴유가 강권적 통치를 한다면서 그의 정책을 비판해 왔다는 것이었다. 그러나 싱가포르 국민들은 그들의 정부만큼 현실적이고 실제적이라고 생각하고, 그렇게 믿으면서 리콴유를 따랐다. 만일 서방 세계의 특파원들 견해가 옳았다면 싱가포르 사람들이 리콴유를 버렸을지도 모른다는 가설이 따른다. 그러나 리콴유를 버리지 않았다.

"만약 하나의 이론이 실현성이 없거나 결과가 바람직하지 못하다면, 나는 더 이상 시간이나 재원을 낭비하지 않았다. 나는 같은 실수를 두 번 반복하는 일이 거의 없었고 다른 사람의 실패로부터도 배웠다."

02 조국에 바친 봉사

리콴유는 총리 자리에 오른 초기 단계에서 "우리의 문제 중에 다른 정부가 경험하지 못했거나 해결할 수가 없었던 문제가 거의 없다는 사실을 깨달았다."라고 밝혔다.

그래서 그는 직면하고 있는 문제를 풀어나가기 앞서 어떤 문제가 가로 놓여 있는지 현실부터 착수하려고 애썼다. 우선 그런 경우를 외국의 사례에서 찾아보려고 했다. 그들이 그 문제에 대해 어떻게 대처했고 얼마만큼 성공했는지 알기 위해서였다.

싱가포르는 해상 국가였다. 선박을 이용하기에는 너무나 많은 시간이 필요한 지역이다. 그래서 넓고도 현대화 시설을 갖춘 새로운 비행장을 건설하는 일이 무척 시급한 과제였다. 또한 인재를 양성하기 위해서 교육 방법을 바꾸는 문제도 해결하지 않으면 안

되는 숙제였다. 이들 과제에 대해 먼저 손을 대기 전에 비슷한 과제를 성공적으로 이뤄 낸 나라에 담당관을 보내 살펴본 뒤 연구하도록 지시했다.

"나는 우리 앞에 있는 사람의 어깨를 타는 것을 좋아했다. 우리들은 통일전선에서 공산주의자와도 손을 잡았다. 그러나 제2차 세계대전 후의 폴란드나 체코슬로바키아의 사회주의자들처럼 공산주의자들의 밥이 되지는 않았다."

"어깨너머로 배운다."라는 속담처럼, 앞에 있는 사람의 어깨를 타는 것이란 말은 앞서 성공의 길을 간 사람들의 성공 스토리를 받아들이겠다는 매우 타산적이고도 현실적인 생각이었다. 리콴유는 장기 집권의 변명을 조국에 바친 봉사라는 말로 대신했다.

"나는 31년간 총리를 역임했다. 임기를 한 번 더 연장해 총리 자리에 있다 해도, 여전히 건강하고 효율성을 잃지 않았다는 것을 증명하는 것 이외에 아무것도 얻을 것이 없었다. 하지만 만약 내가 물러난다면, 남은 세월 동안 나의 후계자가 자신의 업무를 파악해 성공적으로 일하는 것을 도울 수 있다. 그것은 내가 싱가포르에 바치는 마지막 봉사가 될 것이다."

리콴유는 키다리 장신에 호리호리한 체격을 가진 지도자였다. 그래서 가끔은 촌스러워 보였다. 성미는 좀 급했다. 어색한 일을 당하거나 사리에 어긋나는 일을 겪게 되면 악센트가 심한 푸젠어와 영어가 뒤범벅이 되는 말을 쏟아내 주변 사람들을 당황하게 만들었다. 그가 국회의원으로 활동하던 시절의 일화이다.

"남의 눈을 너무 의식하고 연설도 잘하지 못한다."

"국회의원이 뭐 저래? 연설을 잘 못하는군!"

그러나 그는 유능하고 성실하고 헌신적이며 추진력이 있는 사람으로 평가를 받았다. 그런 이미지로 사람들에게 좋은 인상을 풍겨 주었고 많은 사람들이 관심을 가지게 만들었다. 연설을 잘 못해도 성실하고 헌신적이며 추진력이 강한 사람으로서의 이미지는 그의 장점으로 많은 사람에게 비쳐졌다.

그는 은퇴 후에도 권력을 내놓은 데 대한 어떤 후유증을 겪지 않았다. 더구나 그가 고르고 선택하여 총리 자리를 물려준 후임 총리 고촉통은 타고난 정치가는 아니었다. 그래도 믿고 사랑과 격려를 보냈다. 그는 총리 후계자로 고촉통을 고른 뒤에 이런 말을 했다.

"적어도 내가 고른 사람이라면 그가 어떤 일을 하건 간에 훌륭하게 일을 추진하도록 도와주어야 한다. 나의 후계자가 된 인물이 국민과 동료들의 지지를 받지 못한다면 그건 비극이라고 생각한다."

그는 외국의 사례를 예로 설명했다. 중국의 덩샤오핑이 후계자로 지명한 화국봉과 조자양이 실각하는 것을 보았다. 또 영국의 윈스턴 처칠이 선택한 앤서니 이든이 실패한 것도 기억하고 있다. 고촉통을 후계자로 선택한 것에 대해 젊은 각료들이 이러쿵저러쿵하면서 말을 많이 한다는 것도 알고 있다고 리콴유가 말했다.

"아시아의 경제 발전을 통해서 내가 얻은 결론은, 좋은 정치에는 좋은 사람이 필요하다는 것이다. 정치 시스템이 아무리 훌륭해도 지도자가 훌륭하지 않으면 국민이 크나큰 어려움을 겪게 된다. 그러나 정부 체계가 잘 잡혀 있지 않다고 해도 강한 의지를 가진 훌륭한 지도자가 이끄는 나라가 발전하는 것을 나는 보아 왔다."

자신의 눈이 잘못되지 않았고 생각도 건전하다는 것을 강조한 말이다. 1970년과 1972년의 보궐선거에도 여러 명을 당선시켰다.

03 인재를 키워라

리콴유는 민주 사회를 이끌어 가는 데는 리더십이 매우 중요하다고 여겼다. 박사학위 논문을 쓰고, 전문가가 되는데 필요한 것은 물론 학식이지만, 훈련된 지성 외에 다른 자질도 필요하다는 것을 깨달았다.

> "리더십은 단순한 능력 이상의 것이다. 리더십은 사람들로 하여금 기꺼이 지도자를 따르게 만드는 일이다. 용기, 결단력, 헌신, 인품, 그리고 능력이 합쳐진 것이다."

그렇게 되기 위해서는 싱가포르에 효율적이고 창조적인 리더십을 발휘할 사람들을 발견해서 정계로 진출하게 만들어야 한다고 강조했다. 그는 자신이 만약 이 일을 우연에 맡겨 우리에게 찾아오는 활동가에게만 의존했다면 결코 성공할 수 없었을 것이라고 털어놓았다. 그래서 싱가포르 정부에 최고의 인재를 영입하기 위해서 적극적으로 나섰다.

인재를 설득해서 정계로 끌어들이고 선거에서 이기기 위하여 유권자를 끌어들여야 하는데 이 문제가 생각처럼 쉽지 않았다. 리관유는 정당을 지탱하는 길을 모색하다가 후계자 선택의 문제를 장거리 원정에 대신하는 문화혁명을 추진하는 가운데 해결하려고 했던 중국의 마오쩌둥 주석을 떠올렸다.

그래서 인재를 보호하기 위해서 의원 연금법을 만들었다. 리관유는 9년 이상 국회의원을 지냈거나, 국회 비서, 그리고 각료직을 역임하면 연금을 받도록 제도화했던 것이다. 이 기발한 아이디어는 인민행동당의 장래를 위해서 의원 후보자들 가운데 장관이 될 잠재력이 있다고 판단되는 사람들을 가려내는 방법을 모색했다.

유능한 심리학자와 정신과 의사에게 위탁하여 인재 후보감들의 인성, 지성, 개인적인 배경, 그리고 가치관을 알아낼 수 있도록 하는 심리 테스트 시스템을 만들고 그 시스템을 통해 테스트를 받게 한 것이다.

이 테스트는 결정적인 근거를 제시해 주지는 못했지만, 확실하게 부적격자라고 생각되는 사람들을 가려내 두 시간에 걸친 인터뷰를 진행한 뒤 주관적인 관찰을 통해 탈락시키는 데 도움이 되었다. 리콴유는 그러면서도 간혹 심리학자들의 결론에 반대하기도 했다. 인재 후보자가 인터뷰를 하는 사람들보다 더 영리해서, 감쪽같이 선량한 사람인 척한다고 느꼈을 때 특히 그러했다.

1987년 런던 대학교의 심리학자 H. J. 아이셍크 박사가 싱가포르를 찾아온 일이 있다. 아이셍크 박사는 지능지수와 성격 검사를 하는 일이 유용하다는 리콴유의 견해에 동감했다. 그는 미국의 한 다국적 석유회사가 40명의 심리학자를 자문 위원으로 발탁해서 4만 명의 직원을 채용하고 승진시키는 과정에 도움을 받는다고 말했다. 리콴유는 아이셍크 박사와 논의한 끝에 더 많은 행태 심리학자들을 훈련시켜, 여러 직위에 적합한 자질을 가진 사람들을 선발하는 데 도움이 되도록 했다.

또한, 여러 다국적 기업의 리더들과 만나 그들이 어떻게 간부들을 기용하고 승진시키는지 물어본 후, 가장 훌륭하다고 생각되는 시스템을 채용했다. 그것은 영국과 네덜란드 합작 석유회사인 셸에 의해 개발된 프로그램으로서 개인이 현재 측정된 잠재력에 초점을 맞춘 테스트였다. 그 방법은 세 가지 요소, 즉 분석력, 상상력, 현실 감각에 의해 결정되었다.

시험해 본 결과, 1983년 공공사업 분야에서 그동안 영국으로부터 물려받아 사용해 왔던 시스템을 버리고 셀의 시스템을 도입했다. 세상에는 인재를 판정하는데 매우 뛰어난 사람이 있다. 그중 한 사람이 1975년부터 1998년까지 공공사업위원회 위원장을 지낸 탄 텍추였다. 임용이나 승진 대상자는 누구도 그의 눈을 속일 수가 없었다. 그는 머리가 아닌 가슴으로 사람을 보았고 대체적으로 그의 판단은 옳았다.

다만, 능력만으로 인재를 평가한 것은 고 켕쉬였다. 그는 초창기부터 리콴유의 동반자로, 재무장관을 맡았던 인물이었다.

"그는 매우 지적인 사람이었지만 사람을 알아보는 능력은 부족했다. 고 켕쉬가 천거한 사람을 써보았는데 반년 또는 1년 안에 새로운 사람을 찾아야 했다."

리콴유는 이 말을 통해 고 켕쉬가 인물을 읽어 낼 수 있는 안목이 없었다는 지적이다. 심리학자는 리콴유가 인재를 골라낼 줄 아는 능력이 매우 뛰어난 사람이라고 평가했다. 이는 정서적 또는 사회적 지능이 무척 뛰어나다는 분석이다.

"나는 집권당인 인민행동당의 국회의원 후보를 선임하는 과정에서, 어떤 한 사람을 대상으로 적어도 10회 이상 면접을 행했다. 그래도 인선에 실패할 확률은 높았다. 그 까닭은 심리 테스트에도 불구하고 성격, 기질, 동기라고 하는 것을 정확히 판단할 수 없었기 때문이다."

국회의원으로서 성공하기 위해서는, 자신은 물론 배우자나 가족까지도 프라이버시나 시간을 희생할 각오가 되어 있어야 한다는 점을 강조하고 주문했던 것이다.

04 바다에 떠 있는 항공모함

리콴유는 자유 중국이 꼭 짚고 넘어가야 할 요소라며 따끔한 말을 했다.

"타이완은 바다에 떠 있는 미국의 항공모함이다."

너무나 충격적인 표현이다. 어쩌면 사실이 될지도 모를 일이다. 언젠가는 터질지도 모르는 핵폭탄과도 같다는 말이었다. 그는 또 한 가지 끔찍한 문제를 던졌다.

"다음 요소는 급속한 도시화이다."

현재 13억 인구의 30~35%가 소도시와 도회지에 살고 있지만 2050년이 되면 그 수는 80%에 달할 것이며, 전자 매체에 의한 정

| 타이완

보화 훈련이 이루어진 이들은 대규모 행동을 일으킬 수 있다는 것이다. 이들은 지난 1999년 4월 파룽궁 신도들이 인터넷으로 1만여 명의 추종자들을 규합하여 공산당 지도자들의 관저가 있는 베이징의 중난하이에서 평화적인 연좌시위를 벌였을 때보다 더 쉽게 그 목적을 달성할 수가 있다는 분석이다.

그리고 세 번째로 소득 수준의 심각한 격차를 꼽았다. 수입과 성장률, 그리고 생활의 질에 있어서 부유한 연안 및 강변 성省들과 불리한 내륙 성들 간에 벌어지고 있는 심한 격차 문제이다.

아무리 중앙정부가 공장, 교역, 투자, 내륙 관광을 유치할 목적으로 도로, 철도, 비행장 그리고 다른 기반 시설을 건설한다 해도 내륙 성들은 계속 뒤처질 수밖에 없다는 것이다. 더욱이 티베트, 칭하이, 신장 등 변방으로 이주하는 한족이 늘어나면서, 그들과 소수 민족 간에 문제가 발생할 수 있기 때문이다.

특히 중국과 유사한 문화와 전통을 가진 일본·한국·타이완이 어떻게 통치되고 있는가는 중국 지식인의 사고에 지대한 영향을 미칠 것이다. 하지만 현재 중국의 가장 치명적인 문제는 부정부패이다. 부정부패는 그들의 행정 문화에 뿌리 깊게 박혀 있었기에 경제 개혁 이후에도 근절하기 곤란할 것이다.

리콴유가 일궈낸 아시아의 지상낙원인 싱가포르에는 지금 세계적인 경제 활동의 집결지처럼 되어 있다. 법인세율이 낮고 양도세, 상속세는 아예 없다. 다국적 기업인들을 상대로 한 민원처리 속도가 세계 최고 수준이다.

이 덕분에 서울 면적의 1.2배 정도인 작은 섬나라에 외국 기업이 누려 1만여 개 들어와 있고, 세계 유수의 은행들이 200여 개나 진출해 있을 정도다.

이는 실용 주의자 리콴유가 이룩한 업적이다. 그의 이런 업적이 있었기 때문에 비록 땅덩어리로는 손바닥처럼 작은 나라이지만 세계 어느 나라, 어느 누구도 싱가포르나 그 지도자들을 깔보

거나 얕보지 못한다. 그야말로 탄탄한 강소 대국으로 그 위용을 떨치고 있는 것이다.

그는 철저한 유교적 권위 주의자다. 이는 국가 운영의 기본 이념이었다. 그럼에도 그는 공용어로서 "세계와 연결되지 않으면 과거의 어촌으로 되돌아갈 수밖에 없다."라고 국민을 설득하면서 '영어'를 고집했다.

다민족 국가인 싱가포르에는 중국계가 무려 75% 이상이나 된다. 그는 영어를 공용어로 선택하면서 중국계 사람들을 설득하는 일이 가장 힘들었다고 털어놓았다. 그렇지만 민족 간의 얽히고 설킨 갈등과 불화를 풀 수 있는 유일한 방법은 제3 국어인 영어를 '강력한 공용어'로 선택해 쓰도록 하는 것이 옳고 현명한 방책이란 것이 리콴유의 신념이었다.

그 결과 싱가포르의 서울 싱가포르는 최고의 글로벌 도시 중 하나로 떠올랐다. 바다 위에 떠 있는 거대한 항공모함으로서 그 역할을 다하고 있는 것이다.

그렇게 될 수 있었던 것은 공용어인 영어의 힘이었다는 것과 그것을 공용어로 선택한 리콴유의 선견지명이었다는 것을 모두가 인정하고 있다.

05 현대사 담은 웅변

리콴유는 한적했던 조그마한 항구 도시 싱가포르를 세계적인 금융 허브 도시로 육성하고, 섬나라 싱가포르를 세계적인 강국으로 변화시킨 정치인이며, 싱가포르를 세계에서 가장 부유한 나라 가운데 하나로 발전시킨 지도자였다.

그는 1965년 8월 9일 말레이시아로부터 싱가포르가 독립하기로 결정된 뒤 기자회견을 통해 이렇게 말했다.

"평생토록 우리 싱가포르는 영국이나 말레이시아로부터 독립해야 한다고 믿어왔기에, 지금 이 순간은 나에게 정말 비통한 순간이다. 여기 사람들은 지리와 경제 그리고 동족이라는 유대 관념으로 연결되어 있다. 그러나 우리는 독립의 의지를 잠시라도 멈출 수는 없다. 그렇다고 걱정할 것은 없

| 연설하는 리콴유

다. 많은 일이 그저 평소처럼 계속될 것이다. 그러나 단단하
고 침착해야 한다. 우리 싱가포르는 다인종 국가가 될 것이
다. 모두가 자신의 자리와 평등, 언어, 문화, 종교를 가질 것
이다."

그는 매우 비장한 음성으로 담담하면서도 자신감에 넘치는 말
을 쏟아냈다. 단순한 기자회견이 아니라 현대사를 담은 웅변이었
다. 리콴유는 유럽 핀란드의 수도 헬싱키에서 1971년 6월 9일 열
린 국제신문 편집인협회 정기 총회에서 연설을 했다.

"새로운 국가에서 대중 매체와 같은 정부와 구성원들은
무슨 역할을 해야 할까? 대중 매체는 싱가포르의 문제점을 단순하고 명확하게 그려내는데 도움을 준다. 그들은 어떤 정책을 제시하면 그 문제들이 풀릴지 말지에 대하여 설명해 준다. 보다 중요한 것은 대중 매체가 우리들이 학교에서 배운 사회적 가치와 태도의 기반을 강화하기를 바라고 있을 뿐, 약화시키는 것을 바라지는 않는다."

그는 언론의 자유와 새로운 매체의 자유는 반드시 싱가포르의 온전함을 위한 최우선적인 요구와 선출된 정부의 최우선 목적에 종속되어야 한다고 강조한 것이다. 언론이 정부가 하는 일을 제대로 더 잘하도록 독려할 수는 있어도, 정부를 초월할 수도 없고 그래서도 안 된다는 강한 의지를 밝힌 명연설이었다.

리콴유는 국가의 역할은 국민을 위한 것일 때 진정한 가치가 있다고 강조했다. 그는 대국민 담화를 했는데, 1987년 4월 20일 〈스트레이츠 타임스〉가 요약해 보도했다.

"나는 종종 시민들의 삶에 지나치게 개입한다고 비난을 받는다. 틀림없는 사실이다. 만약 내가 그렇게 하지 않고, 그렇게 해오지 않았다면 우리는 결코 오늘 이 자리에 없을 것이다. 약간의 후회도 없이 말한다. 만약 우리가 누가 당신의 이웃이고 당신이 어떻게 살고 어떤 소음을 만들며 어떻게 분리됐고 어떤 언어를 사용하는지 등의 개인의 사적인 일들까지 개입하지 않았다면 우리가 이 자리에 없었을 것이고, 경제적 발전을 만들지 못 했을 것이다. 우리는 옳은 결정을 했다."

미래를 내다보고 오늘보다 나은 삶을 누리기 위해 오늘의 괴로움을 무릅쓰고 개개인의 자유와 삶을 일부 통제하였다는 사실을 솔직하게 털어놓았다. 그것이 옳지 못한 방법임을 알면서도 잘 사는 낙원을 건설하기 위해 통제라는 수단을 사용하였지만 옳은 판단이었다고 자신 있게 말했다. 리콴유는 서방 세계에 대해서도 거침없이 자신의 의견을 말했다. 이는 1994년 3월과 4월 미국〈워싱턴 포스트〉와의 인터뷰를 통해 밝힌 내용이다.

"솔직하게 말한다. 만약 우리가 우리를 이끌어주는 서방 세계의 좋은 점들을 받아들이지 않았다면 우리는 후진성에서 결코 벗어날 수 없었을 것이다. 만일 그랬다면 싱가포르는 아직도 옛날 그대로의 후진적 사회를 벗어나지 못한 채 그대로 머물러 있었을 것이고 또한 후진적 경제 체제에 머무르고 말았을 것이다. 우리는 서방 세계의 좋은 점을 수용하였지만, 그렇다고 해서 서방 세계의 모든 것을 다 가져오지는 않았다."

너무나 당당한 표현이다. 절대로 자존심까지 버려가며 서방 세계를 모방하지 않고 싱가포르답게 싱가포르 정신을 지키면서 서방 세계의 좋은 점을 받아들여 소화하고 싱가포르에 접목시켜 새로운 형태로 발전시켰다. 그래서 싱가포르가 경제 강국으로 성공한 것이라고 강조한 것이다.

리콴유는 미국과 싱가포르의 차이를 보여주는 예를 들었다.

"미국은 악질적인 약물 문제를 가지고 있다. 그것을 어떻게 풀어야 할까? 그것은 마약 공급책을 멈추기 위해 반 마약 단체를 도우면서 이루어지고 있다. 싱가포르는 거기에 해당되지 않는다."

싱가포르가 할 수 있는 것은 세관 직원과 경찰관들이 싱가포르에서 의심스러운 행동을 하는 누군가를 보면 그들에게 소변검사를 요구할 수 있도록 하는 법안을 만들었다고 밝혔다.

만약 채취한 샘플에서 약물 반응이 나오면 그 사람은 즉시 치료를 받도록 조치한다. 하지만 미국에서 당신이 그렇게 한다면 개인의 인권을 침해한 것이라고 당장 고소할 것이라고 예를 들었다.

06 영광의 도전

리콴유는 끝없는 도전으로 가난한 섬마을을 풍요로운 낙원으로 건설하고 하늘나라로 떠났다. 그는 비록 조국 싱가포르를 떠났지만, 그의 피와 땀은 섬마을 구석구석에 스며들어 사라지지 않고 지워지지도 않은 채 영원히 남아 있을 것이다.

2010년 9월 13일 〈뉴욕 타임스〉가 그에게 강소 부국을 일궈낸 싱가포르 스토리를 집중적으로 물어보았다. 그는 담담한 표정으로 전설의 신화를 출렁거리는 파란 파도 위에 펼쳐놓았다. 그 이야기는 비단 물결보다 더 아름다운 수를 놓고 잔잔한 여운을 띄면서 곱디곱게 아롱졌다.

"내가 싱가포르 땅에 뿌려놓은 피와 땀에 대한 평결에는
결코 사망선고가 내려지지 않을 것이라고 단언한다. 마지막

평결은 박사학위를 준비하는 학생들이 기록을 파헤치고 나에 관한 오래된 낡은 문건까지 들춰내어 읽으면서 나의 정적들이 뭐라고 말했는지 평가하고, 또 문건을 샅샅이 파헤치고 진실을 찾을 때 내려질 것이다. 나는 내가 한 모든 일이 옳았다고 이야기하거나 자랑하고 싶지 않다. 하지만 내가 한 모든 일은 고결한 목적을 위한 것이었음을 분명히 밝힌다. 역사가 말하고 싱가포르가 증언할 것이다."

리콴유는 이미 세상을 떠났다. 그러나 그가 단속하고 당부한 말 한마디, "껌을 씹다가 길거리에 뱉지 마라!"는 싱가포르 곳곳에서 다인종 국민이 한결같이 성실하게 지켜가고 있는 아름다운 전통이 되었다. '껌을 씹지 못하게 한 독재자!'라는 비난을 수없이 들으면서 껌 씹기를 금지시킨 일화는 싱가포르의 전설이 되고 복음이 되어 이어지고 있다. 그는 2000년 6월 영국 BBC TV에서 매섭게 추궁하듯 몰아치는 인터뷰 속에서도 껌 씹기 금지 정책만은 단호하게 맞섰다.

"꼭 껌을 씹어야 하겠다면, 껌 씹기를 단념할 수 없다면, 바나나를 씹어보라!"

그가 하늘나라로 멀고 먼 여행을 떠나기 직전에, 돌아올 수 없는 마지막 여행임을 알고 유언을 남겼다.

> "내가 세상을 떠나면 지금 살고 있는 집을 성지로 만들지
> 말고 헐어 버려라!"

그는 죽는 순간까지 싱가포르 국민과 이웃 주민을 배려했다.

싱가포르는 국토 면적이 692.7㎢로 대한민국 서울보다 조금 넓지만, 국토가 빈약하므로 농림 수산업 등의 1차 산업은 거의 미약하여 빛을 잃었다. 그 대신 서비스업과 제조업이 주업종이다.

오늘의 풍요로움은 리콴유의 탁월한 지도력에 바탕을 두고 있다. 그는 대중적인 인기에 영합하지 않는 확고한 신념으로 살아온 통 큰 통치자였다는 평가를 받고 있다. 그가 세상을 떠난 뒤, 애도의 물결은 싱가포르를 넘어 지구촌으로 이어졌다.

"싱가포르의 태양이 떨어졌다!"

"위대한 독재자는 사라졌다."

태양이 떨어졌다고 슬퍼한 사람, 위대한 독재자라고 표현한 사람 등 다양한 반응을 보였다. 위대한 독재자가 있을 수 있을까? 애도의 표현은 각자의 몫이다. 싱가포르를 '작지만 강한 나라'로 키워낸 리콴유가 남긴 교훈은 '대중적인 인기에 영합하지 않고 국가와 국민을 위한 확고한 신념'이다.

06

새로운 모델

01 날카로운 지혜

리콴유는 정치적 라이벌이자 변호사인 J. B. 제야레트남과 의견 충돌을 일으켰다. 보다 큰 자유를 놓고 의견이 엇갈리면서 일어난 일이었다. 그런데 제야레트남이 이 문제를 법정으로 끌고 간 것이다. 하지만 그는 법정 싸움 끝에 파산했다. 그 뒤 리콴유는 '그 남자와 그의 생각'이라는 글을 통해 그때의 사실을 밝혔다.

"만약 당신이 말썽꾼이라면, 정치적으로 당신을 파괴하는 것이 우리의 일이다. 나는 이렇게 표현하겠다. J. B. 제야레트남이 상징하는 자유에 대해 완전히 파괴적인 힘을 나타내는 한 우리는 그를 쓰러뜨릴 것이다. 모두가 나는 가방에 아주 날카로운 손도끼를 가지고 있다는 것을 알 것이다. 만일 당신이 나에게 도전한다면 나는 나의 손도끼를 잡고 아무도 없는 막다른 골목에서 당신과 당당하게 맞설 것이다."

보다 큰 자유를 지켜야 한다는 단호함을 보여주는 대목이다. 보다 큰 자유를 위해 사소함을 버려야 하며, 목숨까지도 걸어야 한다는 의지를 강하게 밝혔다.

리콴유가 밝힌 싱가포르의 새로운 모델은 어떤 것일까?

그는 2007년 8월 29일 〈뉴욕 타임스〉와 인터뷰를 통해 싱가포르 모델에 대해 소상하게 밝혔다.

"우리가 다른 이웃 국가들처럼 행동했다면 우리가 살 수 없었음을 알고 있다. 왜냐하면, 우리는 그들이 제공할 수 있는 것에 비해 아무것도 줄 것이 없기 때문이다. 그래서 우리는 그들과 다른 것, 그들에게 없는 것을 만들어야 했다. 그것은 청렴함이었고 효율이었으며 성과주의, 그리고 노동이었다. 그것이 우리의 새 모델이다."

리콴유는 "만약 싱가포르가 실용주의 노선을 택했다면 그것이 우리에게 효과가 있었을까?" 하고 반문했다.

일단 시도를 해보고 그것이 효과가 있으면 계속했을 것이고, 만약 효과가 없다면 옆으로 넘기고 다른 것을 시도했을 것이라고 말했다.

그렇게 한다면 싱가포르는 그 어떤 것도 이루어 내지 못 했을 것이라고 강조했다.

싱가포르만이 할 수 있다고 생각한 것만을 과감하게 밀어붙였다. 남들이 독재라 하고 강압적이라고 비아냥거려도 꿈쩍 않고 진행했다. 마약과의 전쟁, 부정부패와의 전쟁에 예리한 칼날을 휘두르면서 단호하게 진행했다.

그는 〈뉴욕 타임스〉를 통해 미래 도전의 청사진도 분명하게 제시했다. 2010년 9월 13일 인터뷰를 통해 싱가포르가 지향하는 미래 도전을 확실하게 밝혔다.

"애석한 점은 이 거대한 체제를 갖추는데 우리에게는 아주 좁은 기반만이 있었다는 점이다. 그래서 나는 다음 세대에게 현재 세워진 것을 당연히 받아들이지 말라고 꼭 말해야겠다.

만약 당신이 이 작은 섬나라가 어떻게 세워진 것인지 잊어버린다면 100층짜리 부유한 고층 건물을 세우는데 엄청 고생할 것이다. 반대로 당신이 똑똑하다면 우리가 150층짜리 건물을 쉽게 세우는 것을 보면서 감동할 것이다. 그러나 만약 싱가포르에 대한 당신의 생각이 정당하고 영원하다고

| 헨리 키신저 전 미국 국무장관

믿는다면 그것은 와르르 무너질 것이고, 당신은 절대 다음 기회를 얻지 못할 것이다."

리콴유의 명석함과 특출한 통찰력은 신통할 정도이다. 미국 국무장관을 지낸 헨리 키신저는 리콴유에 대해 이렇게 말했다.

"내가 만난 수많은 세계의 지도자들 가운에 리콴유 싱가포르 총리처럼 많은 것을 가르쳐준 인물이 없다."

키신저는 하버드 대학교 교수 출신의 세계적 석학이었다. 그런 그가 리콴유를 칭찬하는 데는 어떤 계산도 복선도 깔려 있는 것이 아니라 있는 그대로의 감정이었다. 키신저는 리콴유에 필적할 만한 사람이 없을 만큼 지능과 판단력, 통찰력 등에서 대단히 빼어난 인물이라고도 평가했다. 그래서 세계의 지도자들 중에서는 그에게서 한 수 배우려는 의도로 그와 만나기를 원했던 사람이 있었던 것도 사실이라고 역사는 전하다.

리콴유는 경제와 정치를 별개로 본 지도자였다. 경제 활동에는 완전한 자유를 부여했지만, 정치적 자유는 허용하지 않았다. 그것이 그에 대한 평가를 엇갈리게 하는 점이기도 하다. 그럼에도 불구하고 싱가포르의 경제 번영을 기획하고 이끌어 선진국 반열에 올려놓았기에 그의 치적이 기념비적인 업적으로 이어지는 것이다.

싱가포르는 150년간 영국의 식민통치를 받았고, 1942년 일본이 영국을 물리치고 강제로 점령하면서 적어도 국민 10만 명이 학살되는 엄청난 만행을 당했던 나라다.

63개의 섬과 섬으로 이어진 나라, 비좁은 국토를 넓히기 위해 외국에서 돌과 흙을 수입해 하천과 낮은 골짜기와 바다를 막고 메우면서 국토를 넓히는 나라다. 그런 나라가 한 사람의 위대한 지도자 덕분에 아시아에서 가장 잘 사는 나라가 되었으며, 세계적인 금융, 물류, 비즈니스의 중심지로 우뚝 섰다.

그는 산업 분야에서 완벽한 자유를 부여했고, 지정학적인 이점을 극대화하여 외국에 문호를 개방했다. 그리고 다국적 기업 사업가들의 민원 처리 속도를 세계 최고 수준으로 끌어올려 그들을 불러들였다. 거리에서 껌만 뱉어도 볼기를 치고, 마약 0.5g 만 가지고 있어도 사형에 처한다 하여 세계에서 가장 무서운 독재 국가라는 오명을 받았다. 그러나 중국계 제4대 화교 출신인 리콴유의 만만디 뚝심 통치로 지구촌에서는 가장 깨끗하고 범죄 없는 나라로 발전시켰다.

독립 초기부터 공직비리 조사국을 설치해 싱가포르를 세계에서 가장 청렴한 나라로 만들었다. 그래서 사람들이 가장 가보고 싶은 나라, 여성들이 여행하기 가장 좋은 나라라는 평가를 받고 있다.

02 세계 최장수 총리

2015년 3월 23일 새벽 3시 18분, 싱가포르의 거인 리콴유는 눈을 감았고, 전 세계 사람들은 잠에서 눈을 떴다. 선대 고향은 중국이지만 그는 싱가포르에서 태어나 상가포르를 다스렸고 싱가포르에서 눈을 감았다. 리콴유는 재임 기간 할아버지의 조국 중국을 33차례나 방문하였다. 비록 싱가포르의 통치자였지만 그의 몸에는 선대의 조국 중국의 피가 흘렀다. 그래서 제4대 중국인으로 중원 대륙을 잊지 못했는지 모른다.

영국을 거쳐 일본의 식민통치를 받았고, 말레이 연방에서 벗어나지 못하면서도 자치 국가의 꿈을 안고 성장했다. 30대의 젊은 시절에 독립의 꿈을 이루고자 불행의 시대를 온몸으로 극복한 그는 30대 중반에 자치 정부 총리로 등극했다.

갖은 고생과 노력 끝에 1965년 독립국가 싱가포르의 초대 총리로 취임한 그는 무려 31년이라는 긴 세월 동안 장기 집권하면서 세계 최장수 총리의 기록을 세우고 은퇴했다.

독립 초기 척박한 땅, 열악한 환경 속에서 국민들은 마실 물조차 없어 이웃 나라 말레이시아에서 사다가 마셔야 하는 실정이었다. 부존자원도 전혀 없고, 기후도 무덥고 습도가 높은데다가 비도 유난스럽게 많이 내리는 척박한 땅, 오랜 식민 생활에 찌들대로 찌든 나라, 부정부패는 극에 달한 상태여서 초대 총리가 된 리콴유는 무리수를 놓으면서 나라 바로 세우기에 몰두하였다.

국가 재건에 팔을 걷어 올리고 재정 안정, 서민주택 보급, 공직 비리 조사국 설치, 해외 투자 유치, 환경 보호 등으로 세계적 금융과 물류의 선진국으로 만들었다. 깨끗한 정부와 정치 사회적 안정, 경제적 번영을 이루면서 풍요로운 싱가포르 신화를 창조했다.

조그만 항구를 세계 일류 수준의 컨테이너 항구로 건설해 동서양을 잇는 세계 최대의 국제항구로 키웠다. 석유 파동 때도 한국의 건설회사 주도 아래 창이 국제공항을 건설하여 세계 물류 중심지로 우뚝 서면서 하늘 교통의 요충지를 구축하는 데 성공했다. 아내와 2남 1녀의 자녀들, 그리고 며느리까지 모두 요직에 앉혀 가족집단 권력을 누리기도 했다. 그러나 며느리가 가문의 권

력을 남용하여 부정을 저지르자 법에 따라 가차 없이 사형을 시
켜 버렸다.

"도대체 며느리를 사형시킨 리콴유 제정신인가?"
"너무나 잔인한 독재자다!"
엄청난 비난이 쏟아졌다. 그러나 그는 단호했다.

"법을 어긴 사람은 모두가 죄인이다. 죄인은 법의 심판에
따라야 한다! 그것이 싱가포르 법이다!"

이것은 그가 독재 권력을 지속하는데 아주 중요한 명분이 되었
다. 그래서 그를 '아시아의 히틀러'라고 몰아붙였다.

그러나 싱가포르를 여행한 사람들은 세계에서 가장 깨끗한 도
시국가라고 입을 모은다. 여기서 주목할 것은 그렇게 했어도 그는
단 한 푼도 부정한 행위로 국민의 혈세를 갈취한 적이 없다는 점
이다. 참으로 불가사의한 일이다. 그런 연유로 인해 중국의 덩샤
오핑에서 지금의 시진핑 주석까지, 미국의 닉슨부터 현재 오바마
대통령까지 그를 위대한 통치자이자 청렴한 지도자로 존경했다.

멕시코의 앙헬 구리아, 칠레의 바첼레타, 브라질의 룰라 대통
령, 영국의 대처와 함께 어려운 나라를 구해 낸 위대한 인물로 평
가를 받았다.

03 아내와 합쳐 달라

리콴유 전 총리는 원래 지독한 애연가였다. 총리가 되기 직전까지만 해도 하루에 담배 2갑씩을 피웠다. 그의 목은 담배 연기에 찌들었다. 그래서 선거 유세 때 목소리가 안 나오는 것이었다. 지지자들에게 고맙다는 인사를 건네는 일도 힘든 상태였다. 그런 상태는 총리에 취임한 뒤에도 마찬가지였다.

"담배가 내 목소리를 삼켰다!"

"목만 상했는가? 폐는 이상이 없는가?"

그는 담배를 끊기로 했다. 하지만 의지가 약했는지 쉽게 끊을 수가 없었다. 끊었다가 또 피는 일이 반복되었다. 그렇게 2~3년이 지났다. 그래서 1960년대부터 사무실 내 흡연 금지법을 만들었다. 법으로 다스릴 수밖에 없다는 결단을 내린 것이다.

흡연가들은 담배를 피울 자유마저 빼앗겼다며 불평불만을 쏟아냈다. 그는 이번에도 완강하게 밀어붙였다. 사무실 내 흡연 금지법을 껌을 씹지 못하게 할 때보다 더 강력하게 다스렸다. 그렇게 하여 싱가포르는 흡연에 엄격한 국가로 변했다.

'건국의 아버지'를 잃은 싱가포르는 리콴유의 생전 모습을 떠올리며 그의 일화를 추억하는 움직임이 일어났다.

싱가포르 〈스트레이츠 타임스〉는 리콴유의 마지막 생애 몇 년간의 일상을 다시 모아 소개했다.

"리콴유의 하루는 오전 6시 45분에 시작됐다. 아침은 케이크 한 조각과 코코아 한 컵, 맑은 우유 단백질 드링크였다. 양치질 한 뒤 15분가량 러닝머신을 뛰는 것, 이 두 가지 일은 잊는 법이 없었다.

리콴유의 아침은 신문과 함께였다. 영어·중국어·말레이어 3가지 언어로 된 신문들을 챙겨 읽었다. 잡지로는 영국《이코노미스트》와 미국《타임》을 구독했다.

점심은 오후 2시에 했다. 치아가 부실해지면서 치킨 수프, 두부 등 유동식을 주로 먹었다. 리콴유의 또 다른 중요한 일상은 중국어 연마였다. 주중에 집무실로 중국어 과외 선생을 불러 2시간씩 개인 레슨을 받았다. 시사 문제를 표준 중국어로 토론하는 시간이었다. 병원 신세를 질 때는 중국어 과외 선생들이 병실로 갔다. 병원에 있을 때도 중국어 수업만은 빼먹지 않을 정도로 열심이었다. 2011년 싱가포르 사람들에게 중국어를 배우지 않으면 조만간 후회하게 될 것이라며 중국어 학습을 강조했다. 영어·중국어 공용 학습을 몸소 선도하고 실천한 일면을 보여주었다."

총리에서 물러난 뒤 세상을 떠나는 날까지 그의 머릿속에는 일에 관한 생각들이 가득 담겨 있었다. 인구·교육 문제 등 관심 분야의 글은 찾아 읽었다. 2012년 말까지만 해도 건강이 괜찮아서 매일 저녁 1시간씩 수영을 했다. 수영은 그의 유일한 취미였다.

주치의가 "수영은 폐 감염을 불러올 수 있다."라고 말할 정도였다. 그가 또 하나 절대 빼먹지 않은 활동이 있었다. 나무 심기였다. 1963년 시작된 식목 행사에 단 한차례도 거르지 않고 모두 참여했다. 일요일이면 가족이 모두 모여 점심을 함께 먹었다. 이는 리콴유 일가의 오랜 전통으로 뿌리를 내렸다. 큰아들 리셴룽 총리와 둘째 아들 리셴양, 그리고 두 며느리, 일곱 명의 손자 손녀까지 모여 북적거리며 즐거워했다. 아내가 먼저 세상을 떠난 뒤에 떠들썩한 주말을 보내고는 외로움에 다시 잠겼다.

평일 밤 9시, 집무실에서 집으로 돌아오면 거실에 있는 아내의 유골 항아리가 그를 말없이 기다렸다. 아내의 유골 항아리를 물끄

러미 바라보며 하루를 마감하는 것이 습관이 되었다.

리콴유는 2012년 어느 날, 마음을 터놓고 지낸 독일의 헬무드 슈미트 전 총리에게 이렇게 말했다.

"아내의 죽음은 그 어떤 것으로도 채울 수 없는 큰 구멍을 내게 안겼다."

해외에 나가 있을 때도 웹캠으로 아내와 통화를 자주 했던 리콴유는 아내 생각에 밤잠을 설치는 날이 많아졌다. 홍콩 〈명보〉 신문은 리콴유와 아내의 부부애를 소개했다.

"내가 죽거든 화장해서 아내의 뼛가루와 함께 합쳐 달라."

리콴유의 마지막 당부였다. 밤에는 중풍에 걸린 아내를 위해 감동적인 시를 읽어 주던 남편, 아내가 병상에 누우면서 리콴유에게 식사를 챙겨줄 사람이 없어졌다. 그때 그를 도운 것은 형제 중에 유일하게 생존해 있는 여동생 모니카 리 여사였다. 그도 85세가 된 할머니다. 리콴유는 모니카 리에게 부탁했다.

"어릴 적에 어머니가 해주셨던 음식을 다시 먹고 싶구나!"

그가 건강할 때 즐겼던 요리는 싱가포르 전통 샐러드 로작이다. 국수의 일종이다. 여동생이 회고하는 리콴유는 꾀 많은 오빠였다.

"오빠는 항상 재치를 발휘해 가족들을 도왔다. 어린 아들 리콴유는 언제나 어머니의 자랑이었다. 알파벳 장난감을 살 돈이 없어 어머니는 신문의 헤드라인 글자를 오려 알파벳 카드를 만들었다.

어머니는 그렇게 만든 알파벳 카드를 아들에게 읽게 했다. 아들은 알파벳 카드를 한 번 보고도 순서를 맞게 배열했다. 어머니가 오빠를 자랑할 때 입버릇처럼 하시던 말씀이었다."

리콴유의 기지는 전쟁통에 빛났다. 1942년 2월 일본이 싱가포르를 공격하고 점령했다. 그때 리콴유는 쌀독을 땅에 잘 묻어 놓고 식량을 넣어두어 가족들이 먹을 식량을 안전하게 지켜냈다. 그의 딸은 아버지 리콴유가 무척 단단한 금속 원소인 티타늄 같은 사람이었다고 말했다.

"우리 아버지는 가벼우면서 강한 금속인 티타늄 같은 사람이에요!"

04 폐렴으로 세상 떠나

리콴유는 '싱가포르를 위해서!'라는 전제 아래 욕심과 걱정이 많은 정치 지도자였다.

그의 걱정거리의 하나는 의료 시스템이었다. 국민의 건강을 지켜주지 못한다면 미래가 암담하다는 생각에서 그랬다. 싱가포르의 영아 사망률은 그가 집권했을 초기에 1,000명당 27.3명이었다. 30년 만에 1,000명당 2.2명2013년까지 떨어뜨렸다. 이는 미국의 3분의 1에 불과한 수치이다. 필리핀은 아직도 1,000명당 23명이고, 짐바브웨는 55명2012년이다. 2012년 블룸버그가 매긴 순위에 따르면 싱가포르는 전 세계에서 가장 건강한 국가로 꼽혔다.

2012년 조사에서는 1% 미만의 싱가포르 국민만이 집이나 식량 문제로 고통을 받는다고 했다. 이 또한 세계에서 가장 낮은 수치다. 싱가포르는 지난 50년간 국민이 더 건강하고, 보다 안전하며, 부유해졌다고 자랑한다.

인간 수명으로 볼 때 장수하는 인구가 늘어나는 추세이지만, 100세를 넘긴다는 것이 아직은 어려운 일이다. 100세 시대는 여전히 넘기 어려운 높은 고비로 여겨지고 있다.

31년 동안 장기 집권했던 리콴유도 평소 건강에 대해 무척 신경을 썼던 것으로 알려졌다. 싱가포르 총리실은 긴급 성명을 통해 리콴유가 세상을 떠나기 직전에 폐렴으로 위독 상태라고 밝혔다.

"폐렴 증세를 보인 리콴유 전 총리의 건강 상태가 악화되어 치료를 받고 있다. 주치의들이 면밀히 상태를 살피는 중이다."

총리실 발표가 나간 뒤 그의 쾌유를 기원하는 국민들의 기도가 이어졌다. 페이스북과 트위터에는 리콴유 전 총리의 회복을 바란다는 글들이 넘쳐 흘렀다.

리콴유 전 총리는 심한 폐렴 증세를 보여 싱가포르 종합병원에 입원한 뒤 중환자실에서 인공호흡기에 의존해 왔다. 한 달 넘게 치료를 받았지만 워낙 고령이라 차도가 나타나지 않았다.

그럴 즈음, 2015년 3월 18일 일부 언론에 그가 극심한 폐렴 중세로 타계하였다는 오보가 났다. 그러나 리콴유는 그로부터 1주일 뒤인 3월 23일 새벽 3시경 세상을 떠났다.

싱가포르 총리실은 그가 세상을 떠났다고 공식 발표를 하였다.

"리콴유 전 총리가 2015년 3월 23일 새벽 3시 18분 싱가포르 종합병원에서 평화롭게 눈을 감았다."

그는 92세를 일기로 타계했다. 리콴유 싱가포르 초대 총리의 사망 소식은 2015년 꽃 피는 새봄 초록빛 바다로 둘러싸인 싱가포르를 슬픔의 땅으로 뒤흔들었다. 그의 장례는 3월 29일 화장될 때까지 국장으로 진행되었다. 그는 63년 세월을 동고동락하던 세 살 연상의 아내가 5년 전에 세상을 먼저 떠난 후로 심신의 노쇠가 몰라보게 빨라지기 시작했었다고 전한다. 이들 부부는 싱가포르 대학 시절 만난 환상의 캠퍼스 커플이었다. 그의 죽음이 알려지자 버락 오바마 미국 대통령은 즉각 애도 전문을 보냈다.

"그는 진정한 역사의 거인이며 현대 싱가포르의 국부이자 아시아의 위대한 전략가 중 한 명으로 기억될 것이다."

시진핑 중국 주석은 "고인은 존경하는 어르신이자 중국인의 오랜 친구이며 그의 타계는 국제 사회의 큰 손실이다."라고 애도했다. 반기문 유엔사무총장도 "그는 싱가포르의 국부로서 영감을 준 아시아의 지도자 중 한 명으로 기억될 것이다."라고 추모했다.

전 세계에서 그의 죽음에 대해 애도와 추모를 담은 메시지가 전달되었다. 이는 그가 작은 나라의 큰 거인이었음을 의미하는 것이다. 사실 그는 2008년부터 건강이 나빠져 심장박동 조절기를 부착하고 살아왔다. 그 뒤 2009년에 말초신경 장애를 일으키고, 다시 2012년에는 뇌가 빈혈 상태를 일으키는 뇌허혈발작의 합병증까지 겹치면서 각종 질병과 싸워 왔다.

리콴유는 1959년 당시 영국 식민통치 국가에서 자치령으로 승격한 싱가포르의 총리로 취임해 1990년 퇴임하기까지 31년간 싱가포르를 이끈 지도자였다. 취임 첫해 400달러약 45만원에 불과하던 1인당 GDP국내총생산를 퇴임 직전에는 30배 이상 끌어올리는 기적을 이룩했다. 그렇게 만든 싱가포르를 아들 리셴룽이 2004년부터 제3대 총리로 이끌고 있다.

1923년 싱가포르가 영국의 식민 지배를 받던 시절에 태어난 리콴유는 제2차 세계대전이 끝난 뒤 영국의 런던 정경대학교와 케임브리지 대학교에서 공부했다.

1950년 고국으로 돌아와 변호사로 활동하며 정치 기반을 쌓았고, 1954년 인민행동당을 창당해 본격적으로 정치인의 길을 걸었다. 그는 싱가포르가 영국으로부터 자치권을 획득한 1959년 총선에서 승리하면서 싱가포르 최초의 국무총리에 올랐다.

민족 초월한 추도 물결

"오늘 아침 미스터 리콴유가 평화롭게 세상을 떠났습니다!"

아들 리셴룽 총리의 영어 추도사가 방송을 타고 흘러나왔다.

그의 추도사를 듣던 중국ㆍ말레이시아ㆍ인도계 국민들은 하나 같이 "그분께 감사합니다!"라며 눈물을 흘렸다.

회색 셔츠와 푸른색 넥타이 차림으로 대중 앞에 모습을 드러낸 리셴룽 싱가포르 총리는 침통한 표정으로 아버지 리콴유 전 총리를 향한 애절한 추도사를 슬픔을 억누르며 낭독하기 시작했다.

먼저 영어로 추도사를 낭독하였다. "오늘 아침 미스터 리콴유가 평화롭게 세상을 떴습니다."라고 말문을 연 뒤, 약 2분간 말레이어로 연설을 시작했다. 다음엔 중국어로 고별사를 읊었다.

"리셴성리 선생 : 아버지 리콴유를 지칭이 우리 마음속에서 차지하는 위치는 다른 어느 누구로도 대체할 수 없다는 사실은 굳이 말할 필요도 없습니다."라고 말한 뒤 목이 멘 듯 잠깐 울먹거렸다.

그런 뒤에 다시 영어로 추도사를 이어 나갔다. 아버지가 생전에 했던 말을 인용하며 이렇게 끝을 맺었다.

"나는 내 인생의 많은 부분을 이 나라를 만드는 데 바쳤다. 그 이상 내가 원하는 것은 없었다. 생애의 마지막 날, 나는 무엇을 가지게 될까? 싱가포르의 성공이다. 그것을 위해 무엇을 희생했는가? 바로 내 인생이다."

리셴룽 총리가 3개 국어로 추도사를 한 이유는 다양한 민족으로 구성된 싱가포르의 국민과 슬픔을 함께 하려는 배려였다.

싱가포르는 국민의 약 75%가 중국계, 13%가 말레이시아계, 나머지 12%는 인도계 등으로 구성되어 있는 다민족 국가이다. 하지만 다양한 민족, 독특한 언어에도 세상을 뜬 파파를 애도하는 마음은 모두 하나였다.

리콴유 전 총리가 숨을 거둔 그날 아침, 싱가포르 종합병원 인근에는 수많은 시민이 찾아와 헌화하며 추도의 행렬을 이어 나갔다. 그의 쾌유를 빌며 가져다 놓았던 꽃과 풍선, 편지도 수두룩하게 쌓였다. 리콴유가 세상을 떠난 날 아침 싱가포르 총리실이 인

| 리콴유 추모 행렬

터넷에 개설한 '리콴유 추도 페이스북'에는 13만여 명이 방문해 그의 명복을 빌었다.

싱가포르 사람들은 자신의 뿌리가 어느 나라이건, 또 민족의 혈통이 어떠하든 간에 모두가 리콴유를 '파파papa : 아버지'라는 애칭으로 불렀다.

반세기 전에 말레이시아에서 건너와 싱가포르 국민이 된 사람들도 이스타나 대통령궁 앞에서 땀을 흘리면서 차례를 기다리다가 애도의 꽃을 바쳤다. 회사를 결근하고 추모하러 온 청년들도 "파파가 돌아가셨는데 일을 할 수는 없잖아요. 파파는 매우 강하고 엄격한 아버지와 같은 사람이었다."라며 애도했다.

중국계 후손으로 싱가포르에서 태어난 노인은 "나는 싱가포르

토박이다. 내가 어렸을 때 싱가포르를 기억한다. 그때는 엄청 가난했다. 하지만 지금의 싱가포르는 그때와는 아주 다르다."라면서 리콴유의 명복을 빌었다.

"불과 반세기 전만 해도 우리에겐 마실 물이 없었다. 말레이시아에서 물을 사다가 마셔야 했다. 물을 살 돈도 없었다. 하지만 지금 우리는 물을 사 먹을 수 있다. 리콴유는 우리에게 물을 준 존재였다."

추도 행렬 중에는 중국계, 말레이시아계뿐 아니라 뉴질랜드 등 백인까지 다양하게 섞여 있었다. 석유 한 방울 나지 않는 나라가 1990년대 이미 세계 제3위의 정유 생산량과 원유 거래량을 기록하고, 인구의 75%가 중국인인 나라가 영어를 자유자재로 구사하고, 인구 540만 명의 소국이 글로벌 금융시장을 유치하는 기적을 만들어 냈다.

그런 과정에는 '국부 리콴유'의 비전이 없었다면 모두 불가능했을 것이라고 싱가포르 국민은 입을 모았다.

리콴유는 '아시아적 특수성'을 고집하며 노조와 반정부 세력을 탄압하고, 언론을 통제해온 독재자라는 별명도 얻었다. 유교적 가족 중심의 전통을 내세워 서구적 민주주의의 도입을 막고, 장기 집권을 통해 부국강병을 도모한 인물이라는 평가도 받았다.

그래서 일부 서방 언론은 그에게 이런 평가를 내렸다.

"싱가포르를 일당 독재를 통해 글로벌 자본주의의 꽃을 피우면서 모순된 나라로 만들었다."

하지만 드와이트 퍼킨스 하버드 대학교 교수는 다른 말을 했다.

"민주주의와 경제적 부흥은 밀접한 관계가 없다는 자본주의 역설이 존재한다."

1965년 말레이 연방으로부터 밀려나와 독립을 한 싱가포르는 1인당 국민소득이 400달러에 불과한 가난한 나라였다. 중국인이 절대다수를 차지한 가운데 말레이인, 인도인 등 인구 구성도 다양해 사회 통합이 매우 어려운 상황이었다. 다수의 중국인들은 오랜 기간 영국과 일본의 식민 지배를 받으며 중국의 공산화 과정을 지켜보면서, 공산주의 이념에 물들어 있었다.

또한, 인도차이나 반도에서 공산화 세력이 확산되면서 안보 또한 위협받고 있었다. 접경국인 인도네시아와의 충돌 상황도 항상 위험 수위 직전이었다. 여기에다가 불법 노조 파업은 잠 잘 날도 없이 계속되고 있었다.

결국, 리콴유는 강력한 법 집행 카드로 맞설 수밖에 없는 상황이었다. 그래서 불법 파업에 단호하게 대처했다. 특히 1966년 일용직 노동자 파업이 발생하자 이를 주동했던 K. 수피아 변호사와

14명의 파업 주동자들을 체포하고 파업 노동자에게 재취업 신청을 권유했다. 그 뒤 1972년 노사정으로 대표되는 임금 협의회를 창설해 "생산성을 초과하지 않는 범위 내에서 임금 인상을 결정한다."라는 원칙을 세웠다. 그리고 노조 활동을 생산적으로 활용하기 위해 노동조합형 기업을 설립했다.

종속 이론과 신식민주의 이론이 위력을 떨치던 1970년대 리콴유는 대외 개방의 2가지 원칙을 세웠다. 하나는 주변국보다는 먼 거리 교역을 통해 산업화를 추진한다는 원칙이고, 다른 하나는 제3세계에 속한 싱가포르에 선진국형 교육, 치안, 환경, 투자, 공공 서비스, 금융 시스템을 도입한다는 것이다.

이를 위해 안정적인 투자 환경 조성을 위해 1970년에 이미 원스톱 시스템을 구축하고, 부패행위 조사국을 통해 부정부패의 뿌리를 뽑아내는데 강력한 통치력을 발동하였다. 법을 어기는 자는 지위를 떠나 누구를 막론하고 엄히 다스렸다. 그런 과정에서도 절대 투명성을 앞세웠다.

한편으로는 투자하기 좋은 환경을 만들기 위해 창이 국제공항, 이스트 코스트 파크웨이를 만들었다. 공중도덕 위반에 대해 사생활 침해와 공권력 남용이라는 비난에도 불구하고 철저한 감시와 처벌을 엄격하게 단행했다.

1973년 오일 쇼크가 발생했을 당시 국내 원유 확보가 시급했지만, 자유로운 수출을 보장함으로써 대외 신뢰도를 쌓았다.

이 같은 대외 신뢰를 바탕으로 기름 한 방울도 나오지 않는 나라가 1990년대 이미 세계 3위의 정유 생산량과 원유 비축량을 기록하게 되었다는 사실은 참으로 불가사의한 일이다.

06 먼 나라로 떠난 거인

리콴유에게는 실로 엄청난 역동력이 있었다. 그의 역동력은 놀라운 창조력과 함께 무서운 파괴력을 수반했다.

우선 엄청난 역동력이 제3세계에서 일류 국가로 만들어 낸 저력이고, 놀라운 창조력은 무에서 유를 일구어낸 일이며, 무서운 파괴력은 법치라는 이름으로 탄압을 자행했던 일이다. 싱가포르가 말레이 연방에서 밀려나 독립국이 된 뒤 세계 최고의 도시국가로 성장하기까지의 과정은 거대한 파노라마였다.

그는 한국인에 대한 첫인상이 호의적이지 않았다고 한다. 그런 이미지는 "제2차 세계대전 때 일본이 싱가포르를 점령한 뒤에 일부 한국 사람들을 앞세워 아주 나쁜 만행을 저지른 데서 받은 데서 비롯되었다."라고 그가 고백했다.

그러나 그가 한국을 방문한 뒤 잘못 지녔던 이미지가 바뀌어 매우 우호적인 친구가 되었다. 리콴유는 1979년 10월 박정희 대통령이 피살되어 서거하기 바로 며칠 전에 한국을 처음으로 방문했다. 그는 "만찬 자리에서 박 대통령은 잡담을 거의 하지 않았다."라면서 박 대통령을 이렇게 호평했다.

"나는 한국을 성공시키려고 노력했던 그의 비장한 결의와 강력한 의지에 감명을 받았다. 박 대통령이 아니었더라면 한국은 공업국가가 될 수 없었을 것이다."

그는 한국인을 매우 격정적이라고 말했다.

"한국인은 실로 무서운 사람들이다. 그들이 시위를 일으키는 장면을 보면 검투사 같은 복장을 한 진압 경찰만큼 잘 조직되고 훈련되어 있다. 학생과 노동자들이 거리에서 시위 중에 경찰관들과 싸우는 모습은 전투 장면 같다. 그들은 맹렬한 성격이고, 권위에 도전할 때는 정열적이다. 그러나 그들은 해냈다. 대한민국을 아시아 4룡으로 만들어 냈다."

그러면서도 한국인들을 무척 부럽게 바라보았다.

"한국인들은 매우 역동적이고 부지런하며, 의지가 강하고 유능한 국민들이다. 그들의 경쟁 문화는 그들을 성장시키고 발전시키는 원동력이었다. 매우 진취적이고 지향적인 사람들이다!"

리콴유는 '잘 사는 나라'를 만드는 길을 보여준 지도자였다. 어떻게 하는 것이 잘 사는 나라를 만드는 길인지 확실하게 보여주었다. 리콴유 리더십의 핵심은 국민의 살림살이를 풍요롭게 만드는 것이었다.

한 줌의 재로 돌아간 리콴유가 새롭게 조명되는 까닭은 그의 탁월한 정치 리더십 때문이다. 부존자원도 없는 작은 섬나라 신생 도시국가 싱가포르를 집권 30년 만에 일류 국가로 끌어올린 견인력은 바로 그의 확고한 리더십이었다.

그의 리더십은 열렬한 국민적인 지지도에서도 더욱 빛을 보였다. 그의 국장國葬이 진행되는 동안 쏟아진 폭우 속에서도 시민들은 눈물로 애도하며 마지막 길을 배웅했다.

"굿바이! 리콴유!"

"파파, 안녕!"

"그가 나라를 세우며 겪은 수많은 '폭풍우'를 생각하면 이만한 빗줄기는 아무것도 아니다."

싱가포르 시민의 말이 수많은 아시아 사람들의 귓전을 울렸다. 국장 기간 중에 그의 분향소를 찾은 국민은 무려 140만 명 이상에 이른다. 전체 546만 명 인구인 싱가포르에서 네 명에 한 명이 분향소를 찾아 그를 애도하고 명복을 빌었다.

폭우가 줄기차게 쏟아지는 속에서도 싱가포르 사람들은 마지막 길을 떠나는 고인을 이렇게 뜨거운 가슴으로 애도했다. 중국 상하이 인구의 3분의 1밖에 안 되는 조그마한 도시국가에서 치러진 거인의 장례식에 세계의 지도자들이 줄을 지어 참석했다.

20세기 싱가포르의 기적을 만든 리콴유를 떠나보내는 애도의 행렬은 그래서 더욱 장엄하게 보였다.

리콴유의 지지 기반은 철저한 자기관리에서 비롯되었다. 스스로 검소하게 살았고, 마지막 유언조차 "내가 세상을 떠나면 살던 집을 헐어 버리라."라는 한마디였다. 부정부패를 엄격히 다스렸으며 정실을 배제하고 투명한 원칙에 의해 능력주의를 펼쳤다.

다민족 사회라는 취약성을 넘어 국가 통합을 이룰 수 있었던 비결이기도 하다. 그는 이생에서의 영욕을 마감하고 화장장에서 한 줌의 재로 산화했다.

물론 그가 남긴 유산이 모두 긍정적인 것만은 아니다. 거리에서 껌을 씹다가 길에 버린 죄로 볼기를 얻어맞고 벌금을 물었던 사람들, 그렇게 개인적인 인권과 자유를 억압당한 싱가포르 사람들이지만, 잘 사는 나라로 만들어준 리콴유를 마지막 보내는 길목에서 "파파, 안녕!"을 외치며 흐느꼈다.

그는 싱가포르를 떠났지만 누가 뭐라고 해도 리콴유에 대한 이미지는 싱가포르 역사와 함께 영원히 흔들리지 않고 도도하게 이어질 것이다.

부록

싱가포르

* 국명 : 싱가포르 공화국 Republic of Singapore
* 정부 형태 : 의원 내각제 공화국
* 공용어 : 영어, 표준 중국어, 말레이어, 타밀어
* 대통령 : 토니 탄 켕 얌
* 총리 : 리셴룽
* 건국 : 1965년 8월 9일, 말레이 연방으로부터 독립
* 지리 : 말레이 반도의 남쪽 섬
* 면적 : 692.7km^2 세계 제175위
* 인구 : 546만 명 2013년 말 기준
* 수도 : 싱가포르
* 통화 : 싱가포르 달러
* 종교 : 불교, 회교, 기독교, 힌두교 등 다종교

싱가포르는 동남아시아 말레이 반도의 끝에 위치한 섬나라이자 도시국가이다. 북쪽의 좁은 바다 조호르 해협을 사이에 두고 말레이시아와 분리되어 있다.

말레이 연방의 일원으로 있다가 영국으로부터 독립하였다. 1965년

에 말레이 연방 정부와의 다툼 끝에 결국 연방을 탈퇴하여 독립국가로 독자적인 길을 걷기 시작하였다.

독립 당시 인구는 160만 명이었으나, 이민자를 받아들이는 등 꾸준히 증가하여 2014년에는 540만 명을 넘어섰다.

20세기 후반에 초고속 경제 성장을 이룬 나라 중 하나로 발전했다. 정유 시설과 금융 산업은 세계에서 각각 3번째와 4번째로 크다.

2010년 경제성장률을 아시아에서는 가장 높은 15%로 끌어올렸다. 이로써 싱가포르 넓이의 500배에 달하는 옛날 종주국 말레이시아를 경제 규모로 뛰어넘는 위력을 보여주었다.

2011년 기준으로 1인당 명목 국민소득은 5만 달러, 구매력 평가 기준 PPP 환산 국민소득은 6만 달러에 달하며, 1인당 외화 보유고는 세계에서 가장 높다.

싱가포르의 면적은 692.7㎢로 대한민국 서울보다 조금 넓지만, 인구는 서울의 절반 정도인 546만 명2013년 말 기준이다.

리콴유 연보

* 1936~42년 : 싱가포르 명문 래플스 학교와 싱가포르 대학교에서
공부.

* 1943~44년 : 일본 정부의 선전을 담당하는 호도부에서 영어 편집
자로 일함.

* 1946년 : 영국 런던 정치 경제대학 유학.

* 1947~49년 : 런던 케임브리지 대학교 법학과에서 공부.

* 1947년 12월 : 싱가포르 대학교 동창 콰걱추柯玉芝와 결혼.

* 1950년 : 변호사 시험 합격, 동료들과 노동조합 만들어 변호사 활동.

* 1954년 11월 : 인민행동당PAP 공동 설립, 사무총장이 됨.

* 1955년 4월 : 입법 평의회에서 국회의원에 당선.

* 1959년 : 영국에서 제한적인 자치권 획득. 자치 정부 총리에 오름.

* 1963년 9월 : 말레이 연방에 가입. 싱가포르 주州정부 총리 취임.

* 1965년 8월 : 말레이 연방에서 떨어져 나옴.
싱가포르 초대 총리 취임.

* 1967년 8월 : 동남아시아 국가연합ASEAN 창설, 초대 의장국이 됨.

* 1968~72년 : 세계적 기업유치법 제정, 한 가구 2자녀 정책 실시.

* 1971년 : 영국군을 싱가포르에서 최종 철수시킴.

* 1975년 : 세계적 허브 공항인 창이 국제공항 건설 승인.

* 1990년 11월 : 총리직에서 물러남, 고촉통 제2대 총리 취임.

* 1990~2004년 : 선임장관으로 정부의 조언자 역할 수행.

* 2004년 8월 : 장남 리셴룽 제3대 총리 취임.

* 2010년 10월 : 아내 콰걱추柯玉芝 여사 별세.

* 2013년 2월 : 뇌졸중으로 심장박동 치료받음. 폐렴 증세로 입원함.

* 2015년 3월 23일 : 92세의 나이로 타계. 국장國葬으로 장례화장.

리콴유 명언

* 지도층이 청렴결백하지 않으면 모든 것이 시간 낭비일 뿐이다.

* 사랑을 받느냐? 아니면 두려움을 주느냐? 이 문제를 항상 깊이 생각하라.

* 아무도 날 두려워하지 않는다면, 나는 무의미한 존재다.

* 평범해서는 절대 안 되는 나라, 다른 나라와는 꼭 달라야 한다.

* 꼭 껌을 씹어야 하겠다면, 껌 씹기를 단념할 수 없다면, 바나나를 씹어라!

* 언론의 자유는 싱가포르의 통합과 정부의 주요 목적에 종속되어야 한다.

* 나는 개인적 삶에 간섭한다는 비난을 듣는다. 그렇지 않았다면 여기까지 오지 못 했다.

* 이웃 나라들처럼 하면 죽는다. 남들에 비해 내놓을 것이 없었기 때문이다.

* 우리는 남들과 다르고 좋은 것을 만들어야 했다. 그것은 청렴이고 효율이며 성과주의다.

* 다음 세대에게 말해야겠다. 이전 세대가 이뤄 놓은 것을 당연하게 여기지 마라.

* 내가 한 것 전부가 옳았다고 말하는 것은 아니다. 모두 고결한 목적을 위한 것이었다.

* 내가 두려워하는 건 현실 안주다. 상황이 나아질 때 더욱 땀을 흘려라.

* 말썽꾼을 정치적으로 파괴하는 게 나의 일이다. 내 가방에는 예리한 손도끼가 들어 있다.

* 아내가 89년의 인생을 꽤 잘 살았다는 것으로 위안으로 삼겠다.

아시아의 위대한 지도자

리콴유 리더십

초판 1쇄 인쇄   2015년 6월 18일
초판 1쇄 발행   2015년 6월 23일

지은이 | 유한준
펴낸이 | 박정태
편집이사 | 이명수   감수교정 | 정하경
책임편집 | 조유민   편집부 | 김동서, 위가연
마케팅 | 조화묵, 이상원   온라인마케팅 | 박용대, 김찬영
경영지원 | 최윤숙

펴낸곳   Book Star
출판등록   2006. 9. 8. 제 313-2006-000198 호
주소   파주시 파주출판문화도시 광인사길 161
              광문각 B/D 4F
전화   031)955-8787
팩스   031)955-3730
E-mail   Kwangmk7@hanmail.net
홈페이지   www.kwangmoonkag.co.kr

ISBN   ⓒ유한준
             978-89-97383-53-5
             978-89-966204-7-1   (세트)
가격   12,000원